1939

史家文库 名师篇

世界才是真正的课本

品德与社会课程中的博·悟教育研究

郭志滨 著

中国发展出版社
CHINA DEVELOPMENT PRESS

图书在版编目（CIP）数据

世界才是真正的课本：品德与社会课程中的博·悟教育研究/郭志滨著．—北京：中国发展出版社，2016.4

（史家文库．名师篇）

ISBN 978 - 7 - 5177 - 0448 - 5

Ⅰ．①世⋯　Ⅱ．①郭⋯　Ⅲ．①思想品德课—教学研究—小学　②劳动课—教学研究—小学　③社会科学课—教学研究—小学　Ⅳ．①G623.102

中国版本图书馆 CIP 数据核字（2015）第 315162 号

书　　　名：世界才是真正的课本：品德与社会课程中的博·悟教育研究
著作责任者：郭志滨
出 版 发 行：中国发展出版社
　　　　　　（北京市西城区百万庄大街 16 号 8 层　100037）
标 准 书 号：ISBN 978 - 7 - 5177 - 0448 - 5
经 销 者：各地新华书店
印 刷 者：北京市庆全新光印刷有限公司
开　　　本：710mm×1000mm　1/16
印　　　张：17.5
字　　　数：218 千字
版　　　次：2016 年 4 月第 1 版
印　　　次：2016 年 4 月第 1 次印刷
定　　　价：39.00 元

联 系 电 话：（010）68990642　68990692
购 书 热 线：（010）68990682　68990686
网 络 订 购：http://zgfzcbs.tmall.com//
网 购 电 话：（010）68990639　88333349
本 社 网 址：http://www.develpress.com.cn
电 子 邮 件：forkids@sina.cn

目　录

第一章

和谐教育理念下的课程观

孩子的成长永远是史家教育的出发点和归宿点。面对孩子不断发展、持续更新的教育需求，史家人总是能够将其创造性地转化为和谐育人体系的新的增长点。长期以来，史家教育强调用和谐的方法培养"全面和谐发展"的人，并把和谐育人具化为"人与人的和谐""人与知识的和谐""人与自身的和谐""人与社会的和谐""人与自然的和谐"五个方面。在这种和谐教育理念的引领下，史家小学构建了独具史家特色的和谐课程。该课程在满足学生需求、社会发展的基础上不断地发展变化着，课程形态从"秧田式班级学习的 1.0 课程"发展为"菜单式小组合作学习的 2.0 课程"再到"综合空间自主学习的 3.0 课程"最终发展为"无边界空间多样化学习的 4.0 课程"。史家和谐课程的改变、发展与进步，是为了不断地呼应成长的需求，不断地创拓精彩的课程，让每一个孩子在形态丰富的课程中获得生命的滋养，让每一个孩子在变化万千的世界中绽放无限的可能！

在这样的和谐课程理念之下，学校不仅构建了独具特色的校本课程，在每一门国家课程的实施过程中也及时地调整了授课模式，转变了授课观念，让每一堂课都是鲜活的，都是符合学生需求的。正是在这样的氛围中，我的品德与社会课堂也在随着课程改革的发展、学生需求的变化而不断地发展、变换、完善，并在探索的过程中逐步形成了自己的教学风格。

第一节　品德与社会课是塑造孩子和谐心灵的殿堂

一、以学生为本的品德与社会课堂

（一）品德与社会课堂是需要慢下来等候的课堂

有一本书叫做《教育是慢的艺术》，作者是华东师范大学的张文质。在这本书中，张老师就提出了这样的一些观点：作为教师最可怕的是失去耐心，缺乏最基本的修养；更可怕的是不自知，自我陶醉，自甘粗鲁、卑俗，有时候这一切才是教育更为具体、尖锐的问题，但是它往往被各种任务、指标、困难遮蔽了。因此研究教育，最需要的是倾听、观察、记录和描述，研究教育就是"回家"，回到教育，回到细致、持久的省悟之中。而要做到在面对学生的时候能够倾听、观察、记录、细致……这都需要时间，因为孩子的成长是需要时间来实现的。给孩子一个犯错、反思、自我纠正的时间，从而让孩子自觉、自省、自控，才是真正的教育。所以，我想我的课堂应该是慢下来可以静静等候的课堂。

曾经在我教的班中就出现过一件这样的事情：

有一次，我给学生安排了一节自我展示的课，其内容是学生介绍新疆人们的生活情况。活动一开始还比较顺利，各个小组纷纷上台介绍，很快各个组的代表都到前面来展示了自己小组的学习结果。可是当我查看评分表的时候，却发现还有一组没有做，我有点意外，问这组的孩子道："怎么？是没有信心吗？还是有什么其他的原因？"

这组六七个学生没有一个吱声的。我开始有一种不好的预感了，于是加重了语气问："是没有准备吗？"

没有声音，教室里安静极了，似乎学生已经听出了我的不满，没有一个乱动的，此时的教室里纪律出奇的好，但是我知道这不符合正常的情况。于是我马上做了两次深呼吸，调整好自己的情绪又问道："上节课我通知了没有？"学生们点点头。我又问："课代表写记事了吗？""写了！"课代表马上回答。"那么，为什么，你们组的作业没有完成呢？"

"我们还没有准备好……"

"上节课老师在布置这个任务的时候，问过你们能否完成，有没有困难？你们可是拍着胸脯说没问题的，怎么今天却出现了这样的问题呢？"看到这种情况，真是火气直往脑门上冲，我努力地控制着自己，尽量把口气放轻松："为什么没有准备好？"我相信，尽管我在努力，但此时我的语气一定是严厉的。组长小心地站起来："……"

看着无话可说的学生，我知道这节课的安排被打乱了，我真是气得想要狠狠地呵斥他们一顿。我在不停地告诉自己，孩子的成长不可能总是按照我们的心意发展，有意外、出状况是正常的；与此同时我也在想着对策。当时足有三分多钟，教室里鸦雀无声，孩子们的呼吸声好像都听不到了。看着这群孩子，尽管他们气得我哑口无言，但我知道就是再生气也不能对他们发脾气，否则他们将会产生抵触情绪，以后我布置的任务他们就更不愿意完成了，怎么办？在这三分钟里，我灵机一动想到了一个办法。

我稳定了一下自己的情绪，慢慢地说："这组的同学请打开笔记本，准备考试！今天的考试成绩将登在评价手册上！其他同学请预习下一课！"

声音虽然不大但是很有威慑力，有些学生开始小声地嘀咕了："考试！还没复习呢！不会怎么办呀？""啊?！不是真的吧！"……看到学生们的反应，我说："怎么，不愿意吗？那好，你们如果觉得笔试难，我们就口试，每人三道题，全对的优，错一题良，错两题及格，都错了就是再努力。怎么样，我让你们自己选，够宽大了吧？"教室里乱了起来，学生们在商量到底选什么，过了一会儿，我制止了他们的"讨论"，问他们选好了吗，学生们异口同声地说："口试！"我心里暗喜：还真上当了！

考试开始了，我故意出一些书上没有但我在课堂上讲过的课外知识，让他们觉得每一道题都听过，都有印象，可就是记不清了！三个学生考过后，他们有点绝望了，知道就是只考三道题他们也还是不行，这里面没有任何空子可钻。看到学生们发愁的样子，我问了一句："还需要继续吗？"学生们马上摇着头说："不用了！不用了！"

我想要的机会终于来了，于是我借着这个机会说："看到了吧！平时总觉得自己不错，其实呢？我们的每一门功课都很重要，虽然我们的社会课一周只有两节，可是这并不表示它不重要。这门学科既要向你们传授知识，更要教会你们做人。在老师布置任务的时候，问过你们，今天汇报能否完成，有困难吗？你们没有一个人举手，都点着头说没问题。可是今天的结果呢？你们自己觉得自己做得怎样呢？说句心里话老师今天是想看到你们出色的表现，怀着一颗期盼的心来上这节课的，可你太让我失望了。我也当过学生，考试也是我做学生时不喜欢的，特别是这样的考试。但是考试可以检验学习的效果，如果说今天你们每一个人都是成绩优异，对于今天的错误我也可以不追究，因为你们都会了，老师再让你们这么做就是耽误时间，多此一举，但是事实并非如此！……"

我把道理讲完之后，让学生们谈谈自己此时的感受，我对他们说："你们怎么想就怎么说，说什么都可以，只要是你的真实想法就行！"在几个学生的带动下，学生们开始纷纷举手说自己的感受：

"心里挺难受的，老师讲的都忘了，白学了！"

"我觉得我们不对，没有完成老师的任务，我们错了，请您原谅我们!"

"我们今天的做法是给我们班丢了脸，您不会说我们某一个人不好，肯定是要说我们班不好，我心里挺难受的!"……

看着学生们懊悔的样子，我慢慢地说："快乐是一种令人愉悦的心理感受，每个人都喜欢，但是很多时候，快乐是需要人们互相给予的，在今天这节课上我原本希望我们能够互相给对方带来快乐，但是你们首先给我带来了不快乐的感受以至于你们自己也不快乐。今天我很生气，心情也因你们而变得很糟糕，可是我还是想努力带给你们快乐，尽管我现在是不快乐的!"听了我的话学生们都瞪着大大的眼睛看着我，我知道他们此时很想听我后面的话，我故意停了停说："我想我下面要公布的决定，一定会给你们带来快乐的，尽管它可能是很短暂的。我决定再给你们一次机会……"

我的话还没说完，教室里就沸腾了，学生们控制不住地叫着，欢呼着，待他们安静了，我说："看得出来你们现在很快乐对吗?"孩子们笑着点点头。"郭老师用自己最大的努力给你们带来了快乐，让你们感受了愉悦的情感体验，那你们呢? 准备怎么来回报我呢?"

"您放心吧! 下节课我们一定完成任务，让您满意!"

"我们也让您快乐行吗?"

"我们一定好好准备做好汇报，您放心吧!"……

下课铃响了，就在我准备离开教室的时候，班干部拦住我："郭老师，今天这节课您能给我们优吗? 能不批评我们吗? 要不让我们班主任知道了，我们会挨批评的! 求您了!"

"噢，班主任老师还要罚你们呢? 太好了，我怎么之前不知道呢? 要早告诉我就好了，怎么罚呀?"

"郭老师求您了，要是让我们班主任知道了，我们可能要写检查的!"

"太好了，那要多写点，净让你们高兴了，我这一肚子气还没处撒呢！正好儿！"我笑着说。

"求您了郭老师，您都让我们快乐一次了，就再让我们快乐一次吧！"

"呀！学的倒是蛮快的嘛！就冲你们这聪明劲儿，我就不批评了！"

"郭老师您真好！真好！真好！……"他一边说一边跑到黑板前用红笔重重地写了个"优"。我走过去看了看，跟他说："下节课可要让我快乐呀！"

"您放心，我这就写记事，保证让您满意！"

就这样我回到了办公室，可是在上下一节课前，我心里还真有点不放心：他们要是再来一次我可怎么办呀？

到了上课的日子，课前我忍不住地问课代表："怎么样？他们准备好了吗？"

"都准备好了，您放心吧！"

上课了，学生们信心十足地走到了讲台前。在汇报中他们表现得出奇的好，一个个的还真像小老师，讲得头头是道，用幻灯片制作的小课件图文并茂，看得出来他们都花了心思，更令我意外的是还有一个学生特意为大家带来了新疆的食品——馕，香喷喷的美食一出现就引起了学生的惊呼，这个组刚刚介绍完，就有学生忍不住问："老师，我们能吃吗？""那要问问它的主人。"孩子们一齐回头望着带馕的同学，他马上说："带来就是想让大家尝尝的！"

"太好了！"

"我先吃！"

"我都受不了，一闻这味儿就饿了！"

我笑着说："现在刚好是第四节课，一会儿我们到食堂吃午饭的时候，请食堂的师傅帮我们分分，每个同学都可以尝一些，好吗？不过，一会儿谁要是不认真上课，就取消谁品尝的资格，行吗？"

"行！"

就这样愉快的一节课结束了，孩子们为了快一点尝到新疆美食，排队前往食堂的时候动作特别快。我带着他们到了食堂，并请食堂的师傅把馕切成了小丁，让学生们分了。负责的学生认真地问我："老师，要是有富余的，我们也能分给老师们吗？"我高兴地说："当然可以了，你们看着办吧！"之后，我匆忙地回到自己班分饭去了，刚分完饭学生就来找我："郭老师，这是给您留的，您也尝尝吧！"

我心里别提有多高兴了，没想到他们还记得我！我就像学生一样喜滋滋地来到了老师的食堂，把手中不多的馕分给了食堂里的其他老师，并自豪地跟同事们说："尝尝吧！新疆的馕，讲课时学生带来的！"有的老师尝了以后说："这和咱们这儿的发面饼一样嘛！没什么特殊的。"是呀！也许它的口感确实就是这样的，可是在我的口中它却是难得的美味佳肴！因为这馕里有我添加的宽容、信任、期待，有学生添加的汗水、劳动和努力，其中的甜美又怎是人人都尝得到的呢？

这件事情后我深深的感悟到，宽容与信任是我们走向成功的捷径；作为老师要教书，更要育人！施人以快乐，方能得到快乐！我希望我以后的课堂也是能够静下来慢慢等候的课堂，是能够给予人快乐的课堂！

（二）品德与社会课堂是与孩子心灵对话的课堂

我们每天所面对的孩子来自于不同家庭，他们的文化背景不同、家庭环境不同、经历不同……因此就要求教师能够在课堂上关注到不同的孩子，能够给有特殊经历的孩子一个展示自己的空间；立足于"人与人的和谐"角度，来看待我们的课堂，给每个孩子一个自由发展的空间。同时，对他们应该时刻充满信任，以一种期盼的心态等待他们精彩的绽放。

在我教过的学生中，就有这样一个小姑娘，她与众不同的经历在课堂上给了我一个大大的意外！

那是我们学习"我爱和平"这个单元时发生的事情。当时，我给孩子们布置了用自己喜欢的形式来完成一份有关呼吁和平的作业，并且为孩子预留了展示的时间。也就是说，每一个孩子都有在全班展示自己创作的"和平"主题的作业，其目的，除了给他们提供交流空间，也有让那些糊弄作业的孩子感到一点压力的意思。不过没想到，本来是想对一些孩子"敲山震虎"，他们却"震"到了我！

一上课，一名女生就为大家诵读了自己呼唤和平的小作品。这篇文章令我耳目一新，同时也令我震撼不已。她是以一个特殊的视角来撰写这篇文章的，那是我从来都没有想到的一个全新角度。她以一位在伊拉克战场上牺牲的美国士兵的母亲的身份，撰写了那篇呼唤和平的文章。如此特殊的视角，不光是我没有想到，可能也是很多人都不会想到的！文体选用了书信的格式——妈妈写给自己死去的儿子的一封信。

我摘录了部分内容：

"妈妈从来没有后悔把你送到伊拉克去服兵役，因为我看到了我培养成功的儿子……你刚到那里的时候，我天天看新闻，每当听到有伤亡的消息，我就会揪心的痛，这样揪心的疼痛一直持续到接到你的死亡通知书的那一天！我觉得当头一棒，继而就是无尽的泪水，我日夜为你祷告！……想想你这么小就能与上帝团聚，对我来说也是欣慰的吧！……我不知道你在军队受了多少苦，在你最困难的时候，没有我的怀抱。……当与你一样大的孩子在享乐的时候，你却在战场上拼搏，你是神圣的，你的使命是神圣的！……我知道我不能因为你的离开而变得空虚，所以我加入了维护部队，我也要像你一样为保护和平做一些事情。……可是我为什么会觉得委屈呢？我难道不应该把自己的全部交给国家吗？……美国人民与伊拉克人民一样可怜，我从来没有怨过他们，尽管是他们的子弹射杀了你，但是热爱和平的人是永远不会有对种族的恨的！……"

　　一个六年级的孩子能写出如此动情的文章，我着实是被"震"到了！文章中那深沉、饱满的情感，那宽容、高尚的情怀……令我不得不生出疑问：这是出于一个12岁孩子的手笔吗？会不会是网上抄袭的呢？于是，我忍不住问了孩子一句："这是你原创的作品吗？"孩子清澈的眼睛，看着我肯定地说："对！是我自己写的！"虽然仍感到疑惑，但是我更知道，如果我冤枉了这个孩子，我不仅抹杀了她的积极性，更是对她极不尊重，那会在我们之间产生怎样的隔阂？于是，我只是说："先把这个作品交给我吧！"

　　下课后我回到办公室，迫不及待地把这个孩子的作品介绍给了同事们，同时也表达了自己的质疑，让大家帮我求证。我们决定在网上找一找，看看到底会有什么结果。经过大家的搜索，结果令我们震惊：网上根本就没有类似的文章或是故事！可是，我还是有疑问：一个12岁的孩子为什么能有这么独到的见解？为什么能都这么深的感触？为什么会选择如此特殊的一个角度去撰写这篇文章？……

　　好奇驱使着我又走进了那个班，在与孩子交流前，我悄悄地问班主任老师："×××在写作方面水平特别高吗？"班主任老师回答道："她是一个特别有思想的孩子，往往有与众不同的想法，写东西也确实不错！"听了班主任老师的话，我点点了头，继而把这个孩子叫到了办公室。

　　我不再掩饰自己的疑问，问她："老师特别好奇，你为什么会选择这样一个角度来撰写这篇文章呢？你是怎么想的？老师没有其他的意思，只是很好奇！你能告诉我吗？"随后她坦然一笑说："是我爸爸说的，他建议我用这样的方式来写这篇文章，说比较有新意！""那么，你为什么拟定文中的儿子是一个牺牲在伊拉克战场上的美国士兵呢？你对伊拉克战争很了解吗？还是对美国士兵很了解？你是之前收集了很多这方面的资料吗？"我接着又问了起来。孩子慢慢地说："我在美国生活了一年，看到很多美国人为了让自己的家人早一天从伊拉克撤兵回来而去游行，所以我了解一些当时的情况！""那么，你为什么会觉得死是一种解脱，是为他找到了更好的家呢？""我们全家人都信基督！"……

和孩子的一席谈话，令我心中的疑问解开了，但马上我就反过来问自己：为什么我会这么不信任学生？为什么会对一个眼神清澈的孩子产生怀疑？对此，我思考了很久，最终发现原因在于自己忽略了每一个孩子的人生经历都是不同的这个问题。这个例子让我更深切地领悟到：教育要从孩子入手，首先就要先了解他们、关注他们，在每一个孩子的实际基础上再施以不同的教育方法，这才是对学生、对人性最大的尊重。由此，我也更加确信真正好的课堂应该是能够跟孩子进行心灵对话的课堂。

二、品德与社会课堂是多姿多彩的课堂

（一）运用直观教具回归生活的品德与社会课堂

刚刚走上工作岗位的时候，还没有现代化的教学手段，那个时候为了能够把课堂教学达到最优化，我曾想尽办法，最终发现，直观教具的演示是非常能够吸引学生视线的一种有效方法。于是，我就尽可能在我的课堂上使用最直观的教具，包括图片、地图，以及相应的实物。

记得还没有品德与社会学科的时候，我教授的是地理和历史学科。有一次是讲《煤海和棉乡》一课，我为了让学生对煤炭和棉花有更多的认识，

也为了加深学生学习的印象，找来了山西大同的无烟煤，又跑去京郊农村采摘了棉花。带着这两样东西走进教室上课，当把这些东西展示给学生的时候，这些从小长在城里的孩子们激动不已，课堂一下子就沸腾了。我让他们自己"摘棉花"，通过摸一摸、看一看来发现大同煤的特点，并且结合他们的发现来反思生活中的现象，说说有什么新问题没有……就这样，孩子们在这种兴奋和好奇中跟我一起进行学习，最终顺利地完成这节课。再后来，地理历史课被社会课所取代，但是在我的教学中，大量使用直观教具的教学形式仍旧坚持下来，尽力拉近学习内容和学生之间的距离。

社会课上运用直观教具与学生一起体验活动

　　上《纺织厂和服装厂》一课的时候，我为学生找来了蚕茧、蚕丝、丝织品，让孩子们通过这些实物，自己发现丝织品加工的过程。因为无法去工厂参观，学生们对工厂的生产情况也不甚了解，于是，我特意从纺织厂找到了纱锭，在课堂上出示给学生看。在这个基础上，再给学生介绍纺织厂纺纱织布的工作，孩子们特别感兴趣。利用直观教具进行教学符合学生的年龄特点，能够满足学生的需求。很多老师听了我的课都说："郭老师的课与众不同，上课的内容总是那么有意思，别说孩子了，就是听课的我们也觉得好玩，爱听！"

我始终坚信，能够吸引孩子，让听课者想听、爱听的课才是好课。

（二）信息技术参与下的社会课堂

随着现代化教学技术的发展，多媒体技术进入了课堂，我的社会课也随之发生了巨大的变化。

不记得是从哪一年开始，用 PPT 制作教学课件成为最重要的教学改革趋势。学校增添了电教老师，他们的工作不再只是简单地进行幻灯机维护、录像、拍照等，而且还要肩负起教学课件的制作任务。但是，由于当时是刚刚开始在教学中使用信息技术，因此，如何使用、课件怎样做，成为摆在每一位老师面前的难题。面对新鲜事物充满求知欲的我，自己主动找到电教老师，向他们请教：教学课件在课堂上有什么用途？可以发挥怎样的作用？如何制作 PPT 教学课件？我的认真与执著，使我得到了电教老师的大力支持。还记得当时的电教老师是汪忱老师，他刚刚来到史家小学，我们一起就多媒体进入课堂的模式、多媒体在课堂教学中的优势、教学课件的制作等一系列的问题进行探讨，甚至汪老师还主动帮我设计和制作教学课件。我们一起合作完成的第一个教学课件是《埃及》，当时，互联网还没有现在这么方便，也还没有百度等搜索工具，因此，课件中需要的图片难以寻找。为此我走遍北京大大小小的音像店，买来了很多关于埃及的光盘，然后从这些光盘中下载或复制图片，来进行课件的制作。那时候，做一个课件可是太不容易了。记得当时，为了这个课件，我跟汪老师不知道多少次加班到深夜。后来，终于制作成功了，我用这个课件上了一节有关"埃及"主题的课，得到了专家的认可和好评！要知道在当时，利用多媒体进行教学还是个新鲜事，可以说是凤毛麟角，所以我的课大大地吸引了听课老师们。这节课就如同在平静的湖水中投入了一颗石子，不久后利用多媒体技术与课堂教学整合的研究拉开了序幕，随之这样的多媒体课堂才渐渐普及起来。而我和汪忱老师一起制作的《埃及》教学课件在当时获得了第一届北京市电教"三优"评比一等奖。后来，我自己学习并掌握了制作PPT教学课件的技术，开始自己制作教学课件，并在教学中利用多媒体技术进行有效的课堂教学。这促使我的课堂发生了巨大的转变。我所做的教学课件、撰写的有关信息技术与学科整合的论文、录制的信息技术应用于课堂教学的录像课，在每一届"三优"评比中获奖。还曾经有一年，我在论文、课件、录像课三个项目的比赛中同时获得了一等奖的好成绩。

信息技术应用于课堂教学，起始于20世纪的90年代，可是其发展速度却是非常快。没有几年的工夫，PPT这种形式的教学课件就过时了，人们开始探寻新的更加适合开放性学习的教学软件。而此时，我已经加入全国"信息技术与学科有效整合"的课题研究小组。由于参加了全国课题组，了解到很多前沿的研究情况，我的眼界更加开阔。在此基础上，我尝试进行教学网站的制作，希望通过主题教学网站为学生提供一个更加开放的学习平台。学生在这个平台上，可以通过学习指南完成自主学习的任务。我一边借助课题组的平台向专家请教国内外该项研究的情况，一边深入教材，寻找适合开展此项实验的学习主题，同时还自学了网站制作的信息技术。最终，功夫不负有心人，我自学自制的教学网站"走进西藏"制作成功。这个网站内容十分丰富，包括了西藏的地理概况、风俗习惯以及当地人们的衣食住行、宗教信仰等等，这个教学网站的制作历时两个多月，两个月的时间里，除了白天上班外，每天的课余时间就是研究软件如何使用，琢磨课件如何制作，光是制作过程中的笔记就足足写了两大本。课件制作完成了，还要让它在课堂上会发挥作用。接着我又设计了《走进西藏》的教学方案，并首次在信息教室里上了一节社会课。无疑，这次的课是成功的，下课了孩子们还迟迟不想离开，还要再看一会儿，学一会儿。这时孩子们的学习已经从"要我学"转变为"我要学"了。在这一年，我的教学课件又获得了全国教学网站评比一等奖。

在全国信息技术与学科整合大会上发言

这些成绩的取得，为我参加的全国"信息技术与学科有效整合"的课题研究也带来了很大的帮助。我多次代表北京市参加全国信息技术优质课大赛，连续三年在全国信息技术与学科整合的优质课大赛中获得一等奖。而我本人在 2006 年也获得了"全国课题研究先进个人"的光荣称号。得此殊荣的在北京市仅有我一人，这让我颇为自豪。

利用网络技术进行授课的教学模式，在我的教学中不断深入实施，我先后还上了"秦始皇陵兵马俑""奥运会"等多个教学主题的内容。由于课堂教学的模式的转变，教师在课堂上的角色的转变，我的课堂更加开阔了。

信息技术的发展是飞速的，很快有专家又提出了交互式的教学模式。如何能够让孩子在课堂上利用多媒体软件进行交互式的学习？甚至能够让孩子通过人机对话来完成学业？学生可以在网上提交作业，甚至是可以借助多媒体教学课件进行实验模拟、线上联系等等，这无疑对我们的信息技术与课堂教学整合又提出了更高的要求。面对这样的问题，我也在不断地思索和尝试。2010年，我尝试着用ibook软件制作了全新的教学课件。利用这个软件我为学生们制作了电子书《地圆说的证明》。ibook是一个能够兼容图片、音乐、视频、动画等多种媒体于一身的一种软件。以常规书的目录形式进行编排，学生可以根据自己的需要，通过查阅目录找到自己想要学习的章节，从而实现自行翻阅学习的目的。利用ibook制作的多媒体教学软件，打包生成后不会有文件丢失，且占用空间小，可以在各个信息媒体终端播放，学生使用起来非常方便。课件制作完打包生成后，就成了一个小软件，孩子们还可以带回家中继续学习。这样的教学课件已经与之前的网络课件大不相同了。它非常便捷，使用起来更加安全，也不会因为网络问题而出现故障。配合着这个教学软件的教学设计也在全市进行了教学展示，得到了北京市各个学校同学科老师的一致好评。随后，我的这个教学课件再次在全国教学软件的评比中获得一等奖。

今天，小小的教学软件似乎也过时了，人们在关注的是互联网＋。那么，如何让我们的课堂在信息技术的支持下更加开阔、信息量更大、能够满足不同学生的各种需求呢？我也在做着新的尝试。2012年，我开始琢磨如何在教学中把iPad作为一种学习工具引入课堂呢？因为，iPad已经是很多孩子都熟悉和使用的一种工具了。用它来进行信息技术教学无疑要比传统的电脑课件更加灵活、方便。而且最关键的就是iPad的操作系统，不需要老师再去教学生，这就比原来在台式机上使用多媒体课件省事多了。于是，我带着自己的徒弟佟磊老师开始了新的尝试。在经过多次设计、调试和试讲后，佟磊老师用 iPad 上了一节市级的现场教学课，有多家报纸对此进行了报道。

使用 iPad 教学还有很大的发展空间，我们将不断地去继续探索和研究。希望有一天 iPad 真的可以成为每一个学生学习的常用工具，让我们的教学真的走进互联网＋的时代。

在我的教学道路上，不断创新、勇于实践、紧紧抓住时代的脉搏是我一直追求和坚持的教学主张。我希望，我们的课堂是常变常新的课堂，是符合社会发展的课堂，是不被时间淘汰的课堂。因此，在教学中无论已经取得了怎样的成绩，那些都是过去时，我们应该不断地探索而前行。

（三）以情景教学为主的体验参与式课堂

有生命力的课堂不仅仅是要紧跟时代的脚步，还应该是能够让孩子们参与和体验的课堂。因为，我们所教授的学科是品德与社会学科，这是一门极具综合性、实践性的课程，这就要求我们有意识地去为学生创设各种情景，让孩子在参与中体验，在体验中感悟。以情景教学为主的体验参与式课堂才是最富活力的课堂。

2003 年，我在东城区上了《跟孩子一起过大年》的教学研究课。当时为了能够更好地唤起孩子们过年时的经历，我特意播放了《步步高》的乐曲来烘托课堂氛围，让孩子在画年画、做灯笼、写春联等活动中回顾春节的习俗。课堂上每一个孩子都在忙碌着，思考着。他们在这些活动中充分体会到中国的传统习俗真多，也真有趣。随着孩子们活动的深入展开，我适时提出一个个问题——为什么在过春节的时候，人们要放鞭炮、要守岁、要挂红灯笼、要写春联等等，带领孩子们深入思考。

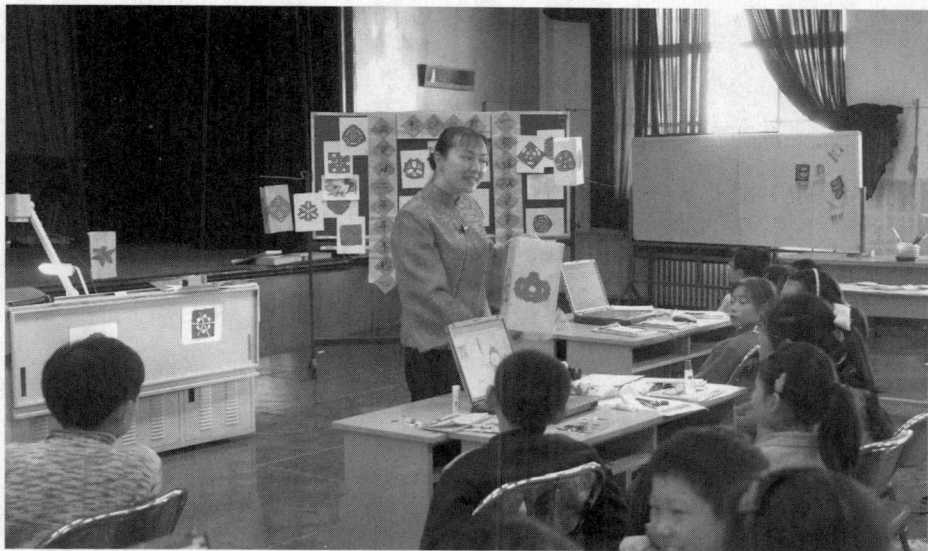

课堂教学——《跟孩子一起过春节》

随后，学生在小组交流的过程中，借助着各种信息，以及自己的生活经历对这些问题进行分析和讨论，最终，自己获得了问题的答案。这样的课堂是学生真正参与的课堂。所谓真正的参与，是指学生不仅仅是行为参与教学过程，更重要的是思维也参与进来。情景式的体验课堂，给了孩子学习的动力，让学生不断地去思考、去分析、去发问，最终获得问题的答案，形成自己的认知，这才是真正有效的课堂。

我这种情景式体验的课堂教学，也曾经遭到过其他老师的质疑，我也曾一度迷茫过。特别是在信息技术快速涌入课堂的时候，我也曾经一度放弃过这种教学模式。但是，在一次偶然的机会中，我认识了一位来自美国的教育家——罗恩老师。罗恩老师被称为是全美最著名的热血教师，他曾经三次被邀请到白宫做客，得到美国总统的大力赞扬。2010 年罗恩老师来到了中国，并且做客青少年基金会教育论坛，这让我有了一次近距离学习的机会。他在介绍自己的教学经验和成功之处的时候就特意提出了情景教学的观点。他说，最好的教育就是在情景中进行，孩子们会在情景中还原真实的生活，会得到很多的感悟，会在情景中投入更多的注意力和情感。随后，罗恩老师介绍了他在上课中是如何为学生创设情景的。他说如果讲的内容是跟下雨有关系，那么他就准备好有雨声的音乐，穿着雨衣，打着伞来上课。开始的时候孩子们会哈哈大笑，但是很快他们就会觉得这很好玩，很有意思，就会主动参与进来……说着，罗恩老师还给大家进行现场表演。当时的场景令我久久不能忘记。活动结束后，我就思考，作为一名成年人，作为一名教师，对这样的教学设计其实再熟悉不过了，可是我仍然会对这样的情景教学充满兴趣，会觉得久久难忘，那么，我们的教学中为什么不坚持把情景式的参与教学模式继续尝试下去呢？

今天，在我的课上依然会有这样情景式的参与课堂，孩子们在这样的课堂中更加放松，更加自由，学习更加主动。

比如，我们在讲《震惊世界的环境问题》一课的时候，没有像往常一样让孩子去搜集一些有关的信息，而是以从一个小山村的故事为出发点，描述了一个故事情景，请学生在这个故事中进行角色体验，从而引发了一场辩论赛。在这个过程中，孩子们要学会换位思考，要全面地看待问题，要综合利用语文、数学、科学等多个学科的知识，来完成一场有关环境的辩论赛。而辩论之后，孩子的感悟则让人深思。

教学案例 1 《美丽的小山村》绿色环保主题情景教学

一、教学背景说明

六年级学生开始关注社会，通过之前在国家课程学科中各学科对绿色环保主题课程的学习，学生们对于自己生活的环境有了更多的认识和了解。他们有自己的观点和看法，同时具有一定的保护环境的意识，关爱自然，对社会上依然存在的环境问题产生疑问，渴望参与社会生活，能够运用所学的各学科的知识进行简单的分析和论证。

基于学生的这一情况，为学生设计了一个小村庄里的故事作为教学主题，主要是引导学生对社会上依然存在的环境问题进行深入的思考，从而向学生渗透环境教育、爱的教育、道德品质教育等。

二、教学目标分析

知识：

（1）知道我国一些重要的关于保护环境的法律常识。

（2）知道废气的产生会导致酸雨的出现，以及酸雨对农业生产的影响以及对环境的影响。

能力：

（1）在辩论活动中提高语言表达能力，与人交往的能力，以及合作的能力。

（2）提高对信息搜集、筛选和应用的能力，能利用已知信息进行问题分析。

情感态度价值观：

（1）培养学生关注环境的意识，树立保护环境的责任意识。

（2）通过环境与利益问题的辨析，帮助学生树立正确的价值观。

（3）激发学生保护环境的愿望，以及产生愿意为保护环境做力所能及的事情的愿望。

三、学生情况分析

知识方面：本次课程中需要学生运用到数据统计、科学实验等相关的知识进行学习和辩论。而本节课的学习者是六年级的学生，他们在数学课上已经学习过简单的统计知识，并能用所获得的统计数据进行问题分析；

在科学知识方面，六年级的学生已经可以做关于酸碱的实验，并知道生活用水或可耕种的土地要是呈酸性，就会对植物的生长带来严重的影响等相关的知识。

能力方面：学生能够进行信息的搜集，但是准确运用信息的能力还有待进一步提高。

情感态度价值观方面：保护环境的话题经常说，学生对此并不陌生，但是能够将自己知道的事情落实下来的却非常少。所以学生是知道大道理，但不能形成更高层次的认知。本节课就是要让学生通过角色扮演的形式，从自身利益出发进行设身处地的思考，从而激发学生发自内心要保护环境的意识。

对于利益与环境的问题，在其他的课上或以前的教学中基本上没有讲过，或者涉及的比较少，所以学生这方面的道德教育比较欠缺。

四、教学过程

导入环节：教师诵读《美丽的小山村》，学生通过倾听，感受山村的美丽。

教师在音乐的伴奏下诵读文章，同时播放体现美丽山村的图片。烘托课堂内氛围。

新授部分：渗透科学观察的方法发现生活中的问题，体现对社会的关注。

发现问题：山村里建起了化工厂，村子里70%的劳动力都成了这个工厂里的工人。几年后，工厂的效益越来越好，规模也越来越大，人们也因此变得富裕了。

可是，随着工厂规模不断地扩大，工厂排出的废水、废气也越来越多，最终导致村前河中的鱼全死了，村边山上的果树枯萎了，在村子里少数以捕鱼和种植果树为生的村民们受到了损失。为此果农和渔民对工厂表示不满，要求工厂解决这些问题。

角色扮演：学生根据故事情节，分别扮演不同的角色——由果农和渔民组成的农民代表与工厂管理者，并以他们的身份进行辩论。要能够运用学习到的科学实验的方法，证实环境问题与工厂排污之间有密切的关系。

辩论中农民们通过水和土壤酸碱度的实验，证实工厂排出的废气对果树造生长造成了影响；其他村民通过鱼死的实际情况和农作物不能达到绿色生态果品标准的情况，来说明工厂对农业生产带来的影响。

工厂管理者则通过数据分析，指出工厂还不能购买治理污染设备的原因。

教师引申："如果把这30%的农民招募到工厂中工作可以吗？你们如何看待这个问题？"

学生分析并讨论发表自己的观点：保护环境才是让村民们长久发展下去的唯一出路，环境是发展的基础，如果这个村子的环境被破坏了，他们自己这一代人的问题解决了，但是子孙后代的问题却是更严重了。所以，我们要做的不仅仅是解决目前一部分人受到损失的问题，而是要解决环境与人类长期相互依存共同发展的问题，因此，这样做是不可取的。

政府判决：教师代表政府部门进行最后的裁决。

教师引导："听了政府的裁决，你们有什么想法呢？"

学生自由发言：

保护环境，关闭工厂或是要求工厂添加相应设备的想法大家都有，但是为什么污染的事情还会发生呢？

利益是引发问题的原因。

教师出示：学生们自己曾经说过的保护环境的话。

教师追问："那么当我们在利益面前的时候，你还会坚持自己原有的观点吗？为什么？"

生态环境是基础，环境被破坏了，什么利益都没有了，我们应该关注长远利益，而不是眼前利益。

总结环节：

"十年后，这个小山村里的化工厂接受了政府的制裁，注重了保护环境，这里又变得美丽了。那么那些生活在村里的人们，他们又有什么样的变化呢？"

"如果你就是曾经的那个村子里的孩子，你就是当时那个果农或是渔民家的孩子，你是如何让自己家乡又变得美丽起来的呢？"

学生畅想自己在这十年中所做的事情：污水治理的研究工作、开发新技术减少污物排放的工作……

课后作业：我心中美丽的小山村在20年后会是什么样？请你们用自己擅长的方式表达出来吧！

引导学生构想美好的明天，并激发学生为了自己心目中那美丽的小山村做力所能及的事情。学生可以绘画、可以写诗歌、文章。

五、教学反思

（1）在辩论环节中学生能够充分的利用老师提供的各种资料，而且使用准确，比平时有了明显的进步。这说明辩证活动是一个较好的提高学生信息应用的途径，在今后的教学中还可以尝试着使用。

（2）在整节课中，学生反复对工厂污染山村环境的问题进行深入的讨论，并设身处地进行问题思考，保护环境的意识和迫切感油然而生，教学效果比较明显。在关于利益与保护环境之间存在矛盾这个问题的讨论中，学生自己提到了：工厂虽然改变了我们的生活，给我们带来了好的经济收入，可是，如果环境破坏了，我们连生存的地方都没有了，还有什么必要进行生产呢？如果没有好的环境，工厂也开不起来！所以真正的利益就是保护好环境，让环境可以供我们人类更加长久地生存，我们才能创造财富！学生的话说明他们已经深深地体会到了环境对于人类的重要作用。这样的结果是远远高于教师课前估计的水平的。可以说，教学效果非常显著。

（3）当问到"如果工厂解决渔民和果农的工作，那么是不是我们的工厂就可以继续生产了"这个问题时，学生表现出来的观点与老师的设想完全不同。老师原来预设的是，学生同意，之后再引发矛盾，从而进一步进行深入的讨论。但是没有想到，扮演果农和渔民的学生则表示，我们不要进入工厂，我们就是要进行传统的农业生产，同时还对工厂的做法表示感谢，但是感谢工厂的同时并不改变自己的决定。这是教师没有想到的，这使得讨论的话题进入到了一个比较尖锐的对峙阶段。我原以为会发生不可控制的局面，但是扮演工厂厂长的学生又给了我惊喜。他们说：你们不愿意到我们的工厂工作我们非常遗憾，对给你们农业生产带来的影响我们也非常抱歉，我们保证会进行排污设备的大力改造或是添置，尽快地为大家解问题……讨论的活动虽然没有按照我预设的情况发展，但是结果却是相同的，甚至在这个过程中我还看到了学生们那种宽容和懂得感恩的心，可以说这样的结果于我、于学生都是一份意外的收获。

（四）淡化学科边界的自主课堂

品德与社会（生活）学科是一门综合性课程，在教学内容中涉及了很多学科的内容，因此这就要求我们在实际授课的时候一定要有打破学科边界的意识，要能够有意识地将本学科课程与其他学科建立联系，并将其融会贯通。

在首师大版品德与社会课五年级教材中有一个教学内容是《古老的丝绸之路》，当时我在上这节课的时候，发现学生对丝绸之路上往来的物品非常的熟悉，一询问才知道原来，在语文课中也有《丝绸之路》的教学内容。很多知识孩子们已经在语文课上学习过了。了解到这个情况后，我及时把教学设计进行了修改，特意在教学环节中设计了由学生来介绍丝绸之路上往来物品的环节，以发挥学生的优势。这样充分应用学生已有的学习经验的做法，极大地调动了学生学习的积极性。他们在上把在语文课上学习到的知识进行充分的调用，与此同时品德与社会课堂再帮助他们获取新的知识。这样的教学方式也符合维果茨基的最近发展区理论，适宜学生知识体系的建构。

此外，在品德与社会课中还有很多话题是与科学学科有关的内容，比如环保的话题、古代的科技成就——四大发明、时差问题、能源问题等等，都可以和科学学科找到对接的内容。于是，在进行教学设计的时候，我就有意识地把一些科学学科的理念引入教学中，在品德与社会课上也可以有实验，也可以用数据分析来说明问题……例如：在讲丝绸之路的时候，提到了当时西方各国主要使用的纺织品是棉、麻以及兽皮等，那么丝绸到底有什么好处能够得到西方人的青睐呢？针对这个问题，我们在教学中设计了纺织品对比的实验，学生们拿着各种不同的纺织品进行最简单的触摸、嗅闻、滴水等实验，从而最终自己总结和归纳出丝绸的优势。小小的实验活动，孩子们参与的热情极高。很快，他们就能够通过实验对比找到问题的答案，这要比老师讲给他们听有意思得多。而且，这样通过自己操作性的体验而获得的知识，往往能够让孩子们记忆更加牢固。

又如《丰富多彩的民族节日》一课，这节课的教学内容是让学生认识了解少数民族的节日。在课程中，学生以小组的形式进行自学，同时可以自己选择喜欢的形式进行民族节日的介绍。孩子们从自己的特长出发，选择了各种不同的形式展示汇报。有的学生选择了舞蹈表演，有的学生选择了乐器演奏，有的学生选择了绘画的形式，有的学生则迅速地制作了学习提示卡……孩子们用各种不同的方式去介绍和展示不同的民族节日，而这些不同的展现形式则源于他们在不同学科中学习到的知识和技能。学生在品德与社会课上将所学的知识进行综合性的应用，这也是课程标准中关于学生能力培养方面的有效落实。这一课先后在东城全区、北京全市展示，最终在不断的修改和完善后，参加了全国品德与生活（社会）学科的比赛课，并且获得一等奖的好成绩。

第二节　好的教学设计源于对课程标准的深入解读

所谓教学设计是指运用系统的方法和理论分析教学问题，确定教学目标，建立解决问题的策略方案、试行方案、评价试行结果并对方案进行修改的过程；它以优化教学效果为目的，以学习理论、教学理论和传播学为理论基础。教学设计是优化教学策略，实现教学目标，不断完善教学方案的一种过程。因此，教学设计要反复不断地实践和修改，并在这一过程中确定下最佳方案，从而有效地实现教学目标。

教学目标的制定是一个教学设计展开的依据和标准。这个标准是否能够有效达成，与我们的教学活动设计、教学手段的采用、教学资源的选用等都有密切的关系。那么我们如何更好地、更加有效地达成教学目标呢？首先，我们要深入地研读教材和课程标准，并且要关注学生的学情，此基础上制定恰当的教学目标，并根据教学目标设计具有指向性的教学活动方案，方能够有效实现教学目标。为此，我们以首师大版品德与社会学科五年级上册《丰富多彩的民族节日》一课为例来分析教师如何对教学设计进行反复修改和完善从而促使教学目标有效达成。

一、第一次尝试：分析教材内容，初步确定教学目标及教学设计方案

《丰富多彩的民族节日》一课出自首师大版小学品德与社会学科五年级上册，为第四单元中的第三个教学主题。这一个单元的教学内容是让学生知道我国是一个多民族的国家，各个民族都有自己独特的传统习俗、节日文化，由于不同的环境、习俗、历史信仰等使得各个民族形成了各不相同的民族文化等。知道民族间要互相尊重，团结友爱。《丰富多彩的民族节日》这一教学主题主要是通过学习让学生知道我国一些民族的节日以及在节日中人们的传统活动、庆祝方式等，并通过学习引导学生去感悟、了解和认识各民族之间的密切关系。激发学生的民族自豪感，体会热爱少数民族之情。

我们的授课对象，是小学五年级的学生，根据五年级学生应具备的学习能力、知识基础，我确定了本教学主题的具体目标和教学设计。

《丰富多彩的民族节日》教学目标

情感态度价值观目标	学生感悟丰富多彩的民族节日和节日文化，感受节日的快乐，树立尊重各民族节日习俗的意识；初步理解民族节日的积极意义
知识目标	知道民族节日的定义并了解我国民族节日丰富多彩；知道各个民族节日中都蕴含着民族文化；初步理解一些民族的节日活动与历史、地域、环境之间有联系
能力目标	培养学生能够利用图片、地图和文本资料读取、筛选和处理信息的能力，以及运用信息分析问题的能力

（一）第一次教学设计：发挥教师自身优势展开教学活动

➲ 导入环节

教师身穿自己的民族服装开始上课，并以谈话的形式导入新课：

"你们能根据老师的服饰特点猜猜老师是哪个民族的吗？"

"今天老师特意穿来了一件自己民族的服装，可见我们今天要学习的内容一定是与什么有关的呢？"

"可是有关民族的话题很多，那么我们今天要说说与民族有关的哪个话题呢？就让我们一起来看看，请你再猜一猜吧！"

设计意图：教师以自身就是少数民族的优势开展教学，让学生感觉既新鲜又惊讶，产生强烈的好奇心，激发学习的兴趣。视频的展示，烘托课堂气氛，使学生感受到少数民族特有的气息和文化，并引出学习主题——民族节日。

《丰富多彩的民族节日》课堂教学中体验民族衣饰

➲ 新授环节

"提到民族节日，你们认为我们应该了解哪些方面的情况呢？"

设计意图：学生明确学习目标。

教师首先介绍自己的民族节日——老人节。出示关于老人节的文字信息，引导学生进行研究问题的圈划，通过阅读资料和文字筛选的方法知道老人节的有关情况。

设计意图：学生知道老人节的节日习俗与活动，并学会运用圈划重点词句的方法对文字信息进行筛选。

学生小组活动：学生根据老师提供的其他民族的文字信息分小组进行资料的分析、筛选，并能够介绍给大家听。

学生选用自己喜欢的形式进行汇报（有歌舞表演、讲故事、模拟体验、品尝节日小吃、小报展示等多种形式），并填写学习记录表格。

设计意图：学生在小组学习的过程中分别了解傣族泼水节、蒙古族那达慕大会、回族开斋节、藏族雪顿节、壮族歌圩节等民族节日的活动以及节日中的习俗。在活动中培养学生合作的意识、读取信息的能力。

对比分析傣族和蒙古族的节日情况："通过大家的介绍我们知道了一些少数民族的节日和节日中的活动，那么，你们看我们把他们的节日和活动交换一下行吗？"

设计意图：通过比分析，引导学生体会民族节日以及节日活动是受到环境等因素的影响而形成的，渗透环境对人们生活的影响。

介绍中华民族共有的节日——春节：

"同学们你们是怎么过春节呢？少数民族的人们又是如何过春节的呢？"

"除了各民族人民都过春节外，在过节日的时候，各族人民还有什么一样的地方吗？"（都会穿上节日盛装一同庆贺）

请身穿民族服装的同学到台前来进行展示。

设计意图：各民族人民都过春节，都穿节日盛装，感受民族融合，体会各个民族虽然差异大却能够彼此融合在一起，知道我国是一个团结有爱的多民族的大家庭。

➲ 拓展延伸

找找身边属于少数民族的人。学生介绍自己班中的少数民族同学，老师介绍一下学校里的少数民族老师。

少数民族的老师和同学说说自己在这里学习工作的体会。

设计意图：体会民族融合、和睦共处、互相尊重。

在歌声中结束学习。

（二）课后反思以及问题分析

第一次的教学设计教师充分挖掘学校资源、教师自身的资源以及学生资源开展教学活动。课上教师利用自己是少数民族的优势，身穿民族服装开始授课，激发了学生的学习兴趣，并且直奔教学主题。寻找身边的少数民族同学和老师的环节，其设计极为贴近学生的生活，同样也是学生非常感兴趣的活动，民族之间要和睦共处、互相尊重等含义学生轻松领会。视频和音频的恰当使用烘托了课堂氛围，整节课都洋溢着节日的欢乐气氛。看上去很不错的一个教学设计，但当我们再从教学目标的角度重新审视这一设计的时候，就发现这个设计中还存在着很多的问题。

第一次教学设计分析

教学目标	学生表现	目标达成情况
情感、态度与价值观目标	学生通过倾听教师的介绍、各个小组间的交流，知道了多个民族的节日以及节日活动，能够感悟到民族节日丰富多彩，知道民族间要互相尊重	基本达成
能力目标	本节课上，学生将课前自己搜集的信息，进行了筛选和处理，并以多种形式进行了展示和汇报，学生有的唱歌、有的跳舞、有的模拟民族节日游戏、有的品尝少数民族风味小吃……但是学生应用地图工具分析问题解决问题的能力以及运用信息分析问题的能力没有过多的渗透	没有达成

续表

教学目标	学生表现	目标达成情况
知识目标	对于各个民族节日中都蕴含着民族文化这一教学目标，在本节课中没有体现和渗透；学生通过对比的方法知道了民族节日与地域、环境之间有联系，但是对于习俗、历史、古老民族传说对于民族节日的形成的影响没有在本节课中呈现	没有达成

根据以上的评价表格，进行梳理发现如下教学中存在的问题。

（1）从情感态度价值观目标来看，教师的教学活动设计并没有充分现民族节日中所蕴含的民族文化，因此学生也就不能理解民族节日的积极意义。教师在课堂上穿自己的民族服饰进行教学，看上去似乎非常新颖、有特色，但是由于本节课是介绍民族节日而不是民族服饰，故而这一教学资源的利用价值不大。同时在课堂上老师还安排了很多学生也穿上少数民族的服饰，只是为了烘托气氛，让学生知道对于民族节日，各族人民都非常重视，都会盛装出席这一个目的，似乎投入过大，效果不理想。而且，在我们平时的教学中也不可能每节课都这样让学生或是教师自己身穿民族服装上课，故而这是不具有普适性的。

（2）从知识目标来看，本节课教师设定的目标为学生初步理解一些民族的节日活动与历史、地域、环境之间有联系。但是在本节课的各个教学环节中均没有关于这个目标的活动设计，因而，这一教学目标也就没有达成。

（3）从能力目标看，教师只是关注了文本信息的筛选和运用，而忽视了学生读图、分析地图等能力的培养，从而失去了学科特色，教学目标也没有达成。

基于这样的课后分析和反思，教师站在教学目标的角度审视教学设计，认为在进行教学设计的时候应考虑几个因素：第一，能够准确解读编者意图，挖掘教材内涵；第二，凸显学科特色，关注学生需求。在此基础上教师对该主题内容的教学设计做出了调整，并进行新的实践。

二、基于教学中的问题，进行第二次教学设计：分组活动

（一）第二次教学设计

➡ 导入环节

播放视频各个民族过节情境的小片。让学生思考："看过小短片，你们谁能说说我们今天要学习的内容与什么有关系？"

设计意图：直接引出学习主题：民族节日。

➡ 新授环节

教师引领介绍：傣族泼水节。

设计意图：知道傣族泼水节的主要活动、来历，体会傣族的水文化，并且介绍中引导学生发现了解民族节日的线索。

"你们能像老师那样，用这样的方法去了解更多的民族节日吗？"

教师出示：壮族、蒙古族、彝族三个民族的有关信息，学生分组抽签选择，确定自己小组的研究主题，开始小组学习，分别了解壮族、蒙古族以及彝族的节日情况。

设计意图：学生分析教师提供的图片和文本资料，分析了解这三个民族节日的活动有什么？并从各种各样的民族节日中体会和感悟族节日丰富多彩。

"说说，你对哪个民族节日最感兴趣呢？"

教师随着学生的介绍，随着板书，记录下各不相同的民族节日活动。

学生根据板书思考："各个民族的人们在过自己节日的时候，都有各种

不同的庆祝方式，如果让你用一个词来形容，你认为哪个词最合适？"

学生：盛大的、各不相同、与众不同、各具特色……

设计意图：体会感悟到民族节日中的活动各不相同，各具特色，凸显民族特征。

"为什么各个民族节日的节日以及节日里的活动会这如此的不一样呢？是什么原因让它们各不相同的呢？"

"请同学们拿出资料袋，进行小组学习，分析找找节日活动不同的原因吧！"

学生分组活动，之后交流分享。学生介绍的时候可以根据自己的喜好用不同的形式进行汇报。

根据学生介绍的情况教师适时引导分析。

蒙古组：•蒙古族的节日以及节日活动的形成与什么有关系？（环境、历史、习俗等。）

　　　　•蒙古族人民骑马、射箭、摔跤等活动又反映出了蒙古族人民具有怎样的民族精神？

壮族：•壮族的歌圩节为什么会唱歌呢？

　　　•播放壮族对歌的视频片段，学生可以跟着唱，引导学生听听人们唱的都是什么内容？这说明了什么？

　　　•体验壮族节日活动——抛绣球，抛绣球有什么特殊的含义吗？

　　　•壮族的节日以及节日活动的形成与什么有关？（传说故事、习俗等。）

彝族：•彝族的火把节有什么特殊的寓意吗？点燃火把的目的是什么？

　　　•这样的节日活动表现出了彝族人们怎样的民族精神？

　　　•播放：彝族火把节的视频

● 彝族的火把节和节日活动与什么有关系？（传说故事、习俗、自然环境等。）

设计意图：知道蒙古族、壮族、彝族的民族节日以及节日里的活动，通过分析知道民族节日以及节日活动与环境、习俗、历史等因素有密切的关系。体会环境与人们生产生活的密切联系。从不同的活动中感悟到民族节日蕴含着民族文化。

⊃ 拓展延伸

在我国还有很多的少数民族，他们也都有自己独特的民族特色，郭老师就是朝鲜族，我们民族也有我们自己的民族节日——老人节。

各个民族的节日都展现着自己的民族文化，下面就让我们跟着歌声再次去感受一下民族节日的气氛吧！

设计意图：知道我国民族还有很多，都各具特色，烘托课堂气氛，结束本课学习。

（二）课后反思以及问题分析

这一次的教学设计教师深入研读教材，抓住节日体现民族文化这一教学难点，并根据学生兴趣爱好展开教学。在教学中教师运用小组探究式的教学模式，设计了两个小组学习讨论的环节，鼓励学生用自己喜欢的方式进行展示和汇报，关注了学生个体的需求。但是，从课堂呈现的实际效果来看，这其中依然存在着一些问题。

第二次教学设计分析

教学目标	学生表现	目标达成情况
情感、态度与价值观目标	由于各个小组间的交流环节出现的问题，使得学生们的介绍是无效的活动，所以学生也没有能够充分地感悟到民族节日是丰富多彩的，关于民族间要互相尊重这一认知也仅仅是局限在原有的认知上	没有达成

教学目标	学生表现	目标达成情况
能力目标	本次授课由于是异地教学，因此，学生的信息均为课上教师提供的信息，在有限的时间内学生根据教师提供的信息，进行了筛选和处理，并以多种形式进行了展示和汇报，但是由于异地学生，并不具备较好的歌舞表演等多种技能，故此，这一环节在课堂上可以说极度混乱，学生的表现中还有很多的错误。学生不能够在极短的时间内，把老师提供的信息进行"消化"并有效地调用。活动设计是失败的。且应用地图工具分析问题解决问题的能力以及运用信息分析问题的能力没有过多的渗透	没有达成
知识目标	对于各个民族节日中都蕴含着民族文化这一教学目标，在本节课中没有体现和渗透	没有达成

根据以上的分析，发现教学中存在的问题如下。

教师选用小组探究式的学习方式进行教学，原意是希望通过学生小组内的一同研讨、共同分析文本信息、选择自己喜欢的形式进行展示汇报，从而在这个过程中了解到民族节日中蕴含着不同的民族文化。老师设想得很好，但是实际操作中却发现，这样的设计学生难以实现。首先，学生要将教师提供的文本信息进行阅读，之后，将其内化为自己的理解与认识，然后是用不同的形式进行展示，在短短十多分钟内，学生难以完成这一教学任务。因此，学生的整个小组学习探究的过程就显得意义不大了。而且，由于学生对于少数民族的节日、生活、习俗没有任何的生活经验，所以难以体会和感悟到民族节日的文化内涵。在学生进行展示和汇报的时候，学生所选用的形式虽然各式各样，但是其中出现了很多错误，在这个过程中教师还要及时地订正学生的错误概念或是不准确的认知，原计划的教学引导没有时间继续进行，从而导致教学目标基本没有实现。

基于这样的一个实践结果，我们不难看出，教师在进行教学设计的时候不仅要准确地理解教材，凸显学科特色，还要关注学生的水平和差异，所设计的教学活动、为学生提供的学习资料要符合学生最近发展区的水平。只有这样，我们的教学设计才能够促使学生在真正意义上参与教学活动，即学生的思维参与教学活动，而不仅仅是行为上的参与。

三、注重学生的生活经验，进行第三次的教学设计：以春节为主

（一）第三次教学设计

第三次的教学设计主要在新授环节中做了比较大的调整和改动，导入和总结部分均没有变化，具体变动如下。

⮑ 新授环节

"同学们看，这几张图片反映的是什么节日？"（展示的是春节图。）

"你是怎么过春节的呢？"（学生根据自己的生活经验自由发言。）

随着学生的介绍，教师及时引导和追问：

"春节中为什么会有这样的活动和习俗？"

播放视频回顾春节的情景，请学生思考：

"通过看这段小短片，你们认为春节还是一个怎样的节日？"

设计意图：通过介绍学生们熟悉的春节，引导学生发现，春节中的各种活动背后都有着不同的故事、含义，其实春节向我们展现的就是一个民族的文化，从而体会民族节日蕴含着民族文化。通过视频短片的观看，感受春节是一个欢乐喜庆的节日，是一个带着人们美好祝愿的节日。

"刚才我们所介绍的是咱们大多数同学们过春节的情景，那么在郭老师的家乡——延边朝鲜族自治州，人们又是如何过春节的呢？"

教师介绍朝鲜族过春节的情节，主要的活动，并出示相应的节日图片以及节日中特殊物品。

"其实除了我们朝鲜族以外，在我国还有很多的民族也非常重视春节呢！"

教师出示：各个民族过春节不同庆祝方式的表格。

"你们看，这么多的民族人们都会过春节，他们都是怎样庆祝的呢？你对哪个最感兴趣，能说说吗？"

设计意图：引导学生知道春节是许多民族都非常重视的节日，但是由于地域不同、文化不同，所以庆祝的方式各不相同，从而感受到民族节日的活动是各具特色的。

"在同学了解春节这个节日的时候，我们是从哪些方面进行学习的呢？"

总结：时间、活动、来历等。

"那么我们再去了解其他民族节日的时候都可以从这几方面去了解！下面我们就重点了解北方的蒙古族和南方的傣族，看看他们都有哪些民族节日吧！"

"你们知道他们分别有什么节日吗？他们又是如何庆祝的呢？"

学生根据自己的生活经验和以前的知识基础进行介绍。

教师适时引导和追问：

"蒙古族的骑马、射箭、摔跤这三项活动中，你最喜欢哪个活动，为什么？"

"看来这三项活动能够向我们展现蒙古族特有的民族精神，而这也正是蒙古族区别于其他民族的特点。"

播放傣族泼水节的视频，请学生思考：

"哪个场景给你留下的印象最深刻？为什么？他们的活动都与什么有关系呢？"

出示两个民族节日的活动图片，引导学生思考：

"从这些图片中你发现了什么？"

"为什么他们的节日活动这么的不一样？是什么令他们的活动有这样大的差异呢？"

学生根据教师提供的资料进行小组探究性的学习，并分析得出环境、习俗、历史等是影响节日活动不同的重要因素的结论。

设计意图：学生知道蒙古族、傣族有什么民族节日，知道节日里的活动，通过对比分析，知道节日以及节日活动的形成与环境、习俗和历史等有密切的关系。培养学生分析问题、解决问题的能力，读图识图的能力。

（二）课后反思及问题分析

根据教学目标，对这一次的教学设计进行分析。

第三次教学设计分析

教学目标	学生表现	目标达成情况
情感、态度与价值观目标	由于教师这次的教学设计是从学生熟悉的春节入手的，所以学生的学习积极性被调动了起来，由春节引出更多的民族节日，学生们充分感悟到民族节日是丰富多彩的	达成度为80%
能力目标	本次授课由于教师充分调动了学生的前概念以及生活经验，因此，学生基本上能够根据自己的认知分析问题，并从已知的信息中获取新问题的答案，学生分析问题、解决问题的能力有一定的提高，但是，由于春节的介绍占用了大量的时间，因此，对于地域环境等因素影响节日各不相同的问题，没有时间更充分地研究，所以学生运用地图工具获取信息的能力没有得到培养	达成度约为70%
知识目标	对民族节日中都蕴含着民族文化这一教学目标，学生基本上能够体会到，但是对于地域环境、民族传说、民族习俗等因素对节日的影响这一点的介绍不够充分，因此，目标的达成不够	达成度约为50%

根据教学目标，具体问题分析如下。

这一次的教学设计经过实践之后，发现由于春节是学生们所熟悉的、有生活经验的一个节日，所以，学生们的参与度比较高，课堂上的气氛也很活跃。笼统地介绍了春节，学生知道了学习的方法和思考的脉络。节日中蕴含着文化这一个教学难点也得到了解决。但是，当我们再次从已经设定的教学目标来看这节课的设计的时候却发现，我们的目标确定的是要重点了解和认识一些少数民族的节日和节日活动，以及它们与环境之间的关系。可是，这节课的设计明显把春节作为了学习重点，从这一点上看，教学内容与教学目标并不相符合。

四、扣标施教，第四次教学设计：自主探究

针对第三次教学设计的问题，以及教学目标的反复研读，教师对这一教学主题进行再一次的修改和调整。选择了以自主探究为主要形式的教学方式。凸显学科特色，充分利用地图工具，在发现问题、解决问题中，体会民族节日的文化内涵，分析出环境对人们节日文化的影响，提高学生利用地图工具分析问题解决问题的能力。

（一）第四次教学设计

具体调整部分的教学设计如下。

➲ 新授环节

环节一：知道民族节日的定义。"同学们，什么是民族节日呢？"

设计意图：明确民族节日的概念。

环节二：知道民族节日的活动。

观察傣族泼水节、彝族火把节和蒙古族那达慕大会的三幅图片，分组挑选图片并说明理由："傣族泼水节、彝族火把节和蒙古族那达慕大会上的节日活动都有什么？"（充分利用学生原有的知识和生活经验进行判断。）

在江西参加全国教学大赛——《丰富多彩的民族节日》

设计意图：培养学生的观察、分析能力，引出本节课主要介绍的三个民族节日的学习内容。

环节三：对比三个民族节日活动的内容，引导学生发现不同，探究原因。

学生观察三个民族节日活动的图片进行分析，找到不同之处。

时间不同：白天、夜晚？月份？从而引出三个节日的时间并提出问题。

- 彝族：7月火把节

- 傣族：4月泼水节

- 蒙古族：7~8月那达慕

7月是夏天，人们过的是火把节，为什么呢？4月是春节，互相泼水不冷吗？

形式不同：

- 彝族：点燃火把

- 傣族：泼水
- 蒙古族：骑马、射箭、摔跤

为什么他们的节日活动各不相同呢？这样的不同可能与什么有关系？

学生根据教师提供的地图和文字资料以及课本的内容进行分析和讨论找到问题的答案。（提供的资料中有提示学习的思考问题帮助学生完成学习任务。）

提示思考问题

彝族	·彝族人们生活在我国的南方，这里气候湿热，7 月又是夏季，蚊虫鼠疫猖獗，彝族人们的节日以及节日里的活动与这一自然现象有关系吗？ ·彝族的火把节还与什么有关系呢？ （请认真阅读课本第 93 页的内容想一想。）
傣族	·傣族人们生活在什么地方？ ·这里的气候有什么特点？ ·这与他们的节日和节日活动有关系吗？
蒙古族	·蒙古族生活在我国的北方很冷干旱的草原地区，这样的环境与他们的节日活动有关系吗？ ·蒙古族人们过着游牧式的生活，这样的生活方式与活动有关系吗？有什么样的关系呢？ ·蒙古族是马上夺天下的民族，非常重视军事技能，这与他们的节日活动有关系吗？

设计意图：通过以上分析，老师和学生共同总结得出结论。民族节日和节日里的活动与人们生活的环境、生活方式、传说故事、历史甚至是信仰有密切的关系。正是由于这些原因，他们的节日和活动是不一样的，而这种不一样就是一个民族文化的体现，从而完成来历与蕴含文化的学习内容。

（二）课后反思及评价

这一次的教学设计，教师是在综合了前几次教学设计的基础上，根据总结出来的一些教学设计中应该遵循的原则重新做的一次设计，以下从教学目标的角度来分析。

第四次教学设计分析

教学目标	学生表现	目标达成情况
情感、态度与价值观目标	学生在对图片的观察和分析中充分感受到了民族节日是丰富多彩的，节日气氛是欢乐的，节日活动是各具特色的，喜欢和向往之情油然而生，理解了民族节日的积极意义	基本达成
能力目标	通过图片的对比观察，学生自主探究，发现了其中问题，并且运用地图工具进行分析，解决了问题。学生运用地图工具分析问题、解决问题的能力明显提高，自主探究的学习方法基本掌握	基本达成
知识目标	学生通过观察、对比、分析，充分体会到民族节日以及节日中的活动与地域环境、宗教信仰、民族习俗、民族传说都有着密切的关系。感悟到了民族节日中蕴含的民族精神，体会到了民族节日呈现出来的民族文化	有效达成

根据教学目标达成情况的分析，本次教学设计具有以下特征。

（1）能够准确解读编者意图，挖掘教材内涵。教师在充分研读教材的基础上，准确地制定了教学难点，即通过对一些民族节日的分析体会和感知节日的文化内涵。而教学的重点则在于民族节日、节日活动与环境之间的关系方面。为了能够顺利达成这一重难点的目标，教师通过自主探究的学习方式，帮助学生从具体的一些节日活动中进行分析，通过对蒙古族、傣族、彝族节日的分析，找到各自节日文化的特征，并从中发现促使其形成这一特殊文化的原因是相同的，从而使教学目标得以落实。

（2）凸显学科特色，注重能力培养。在这一次的教学设计中，教师先后分三次引导学生观察图片。虽然观察的是同一组图片，但是每一次观察的目的不同，层层深入，引发思考。之后，学生利用老师提供的地图工具，根据自己已有的知识经验，通过讨论分析，最终解决了节日以及活动的成因这一教学问题。凸显了品德与社会学科学科特色，锻炼了学生读图、识图、利用地图工具的学习能力。

（3）符合学生最近发展区的水平。教师在前几次的教学设计中选择了为学生提供大量文本信息的方式，进行教学，效果不理想。究其原因，是教师的设计和预期的成果在学生最近发展区之外，也就是不符合学生的最近发展区。试想，学生要在短短的十几分钟内，先要将老师提供的文本信息阅读完成，之后从中提取出有用的信息，再转化为自己的语言进行表述，这对于五年级的学生难度很大，因此是学生根本无法完成的学习任务，故而教学效果不理想。而在这一次的教学设计中，教师用地图替换了文本资料，只是根据地图给学生提出了几个具有思考价值且具有指向性的问题，学生反而能够利用自己所学的知识和自己的生活经验分析出问题的答案，从而完成学习任务，教学效果非常显著。这也说明，这样的设计是符合儿童最近发展区的理论的，是符合学生的认知规律的。只有在这样的基础上，我们设计的教学活动其预期效果才能够与教学目标相吻合。

（4）教学内容与教学目标相辅相成。教学活动要扣标施教，只有这样我们的教学目标才能够有效地达成。而要做到这一点，选择恰当的教学内容就显得格外重要。教师在选择内容的时候一定要思考，该内容与教学目标是否相符合，它是为了达成哪一个教学目标而选定的。只有这样，我们的教学效果才是显著的，目标才能够有效达成。

所以说，一个好的教学设计，其内容首先要与教学目标相符合，要深入研读教材，要准确地把握教材编者意图，要以学生的最近发展区为基础；只有这样做，教学设计才能够教学目标真正的落实。

第二章

品德与社会课程资源开发与利用

专家指出："课程资源通常指为保证教育正常进行而使用的人力、财力、物力的总和，教育的历史经验或有关教育的信息资料。它是课程开发与实施的各级主体能够顺利进行课程开发与实施的依托和保证。"课程资源的开发与利用是提高课堂教学实效性的基础与保障。

第一节　课程资源开发的途径和依据

一、以教材为蓝本

众所周知，教材是教师上课的依据和标准，教师上课就要以教材为指导，对学生实施有目的的教育和教导，帮助他们获取知识、提高能力、形成正确的情感态度价值观。

但是教师上课不能照本宣科，不能只讲授课本上的内容。教材只是为我们提供具有普及意义的一个教学范本，它所面对的是全市的学生，其要求是最基础的。因此，教师在实际教学中还要结合学生的实际情况、学校自身的特点、地域特色等各方面的实际情况来设计教学、开展教学活动。只有这样，我们的课堂教学才是贴近学生的，才是积极有效的。教学的现实工作需要教师善于开发和利用各种课程资源以丰富教材蓝本。只有这样，教学工作才能积极有效地展开，学生学习的积极性才会被充分地调动起来，学生的学习过程才是一个自主、愉快的"旅程"。

就品德与社会教材来说，它本身就更具有社会性、综合性、回归生活等的特点，要在教学中突显这些学科特色，教学设计或是教学活动安排必然会涉及许多课程资源，而课程资源也是完成一节好课的必要基础。基于这样的原因，教师在教学中就要善于和有意识开发品德与社会的课程资源。要把许多方面的知识、图片、视频、人员、媒体等因素引入品德与社会课堂，这样我们的教学才是丰富多彩的，才是学生喜欢的，才是贴近学生生活实际的，才是社会的……

二、关照社会需求

学校教育是为社会发展而服务的，学校培养的学生也是社会人，他们将来必定是要走上社会的，是要为这个社会去服务的。因此，学校教育要为学生创设更多的接触社会、参与社会的机会，从这一点上来看，课堂教学中无论是哪一个学科都应该积极地开发和利用社会课程资源，让学生有更多的机会与社会接触，参与社会活动。"两耳不闻窗外事，一心只读圣贤书"的时代过去了，如果学校培养出来的学生个个都是"不食人间烟火"的人，那么我们的社会如何进步？怎样发展呢？教育要培养的是社会人，故此，社会性课程资源的开发和利用是必不可少的。

三、分析学生情况

学生是学习的主体，学生对教师所传授的知识是否感兴趣、是否愿意积极主动地接受是课堂教学有效性与否的一个重要影响因素。

学龄期是激发学生自我实现趋向的关键时期，是培养兴趣、发掘潜能、建立自信的最好时机。但是此时学生们的独立自主性和坚持性不够，自制力差，还不善于支配和控制自己的行为，容易违反纪律。这对学生的学习有极大的影响，因此在教学中教师要善于挖掘课程资源来吸引学生的注意力，因为注意力是"心灵的门户"，是获取知识、发展智力的起点。学龄儿童集中注意力的能力越强，学习效率越高，智力发展越好，越有利于实现课堂教学的实效性。如何更好地调动学生的注意力，并使其成为一种良好的学习习惯呢？其有效途径之一，就是教师要充分运用各种课程资源，吸引学生，让他们产生兴趣。首先使学生处于无意注意的心理状态，之后，再利用丰富的课程资源将学生的无意注意转变为有意注意，并逐步让他们养成一种习惯，从而使课堂教学的实效性得以落实。

四、指导思想及依据

1. 《品德与社会课程标准》的基本理念

《品德与社会课程标准》（简称"课标"）是品德与社会课程资源开发和利用的依据。课标中指出："教育的内容和形式必须贴近学生的生活，反映儿童的需要，让他们从自己的内心世界出发……课程以儿童的生活为基础，但并不是儿童生活的简单翻版，课程的意义在于对儿童生活的引导，用经过生活锤炼的有意义的教育内容教育儿童。"这说明我们的课程资源要贴近学生的生活实际，要从学生的生活出发，而不能仅仅围绕着课本来进行教学。因此课程资源的开发是促使课程标准得以落实的一个重要保证。

2. 《品德与社会课程标准》中的教学建议

课标的教学建议指明了品德与社会课程资源开发的方向。

　　课标教学建议指出："品德与社会课程的教学内容可以从教科书扩展到学生的整个生活空间，包括社会生活中对儿童发展有意义的题材，把教学内容与本地区实际有机联系起来，同时关注社会新的发展和变化，及时丰富、充实课程内容……"这说明在教学中我们要及时地把社会性、儿童生活性、地区地域特色性等方面的课程资源引入课堂教学。

　　课标教学建议还指出："教学空间不局限于学校和课堂，应创设条件尽可能向社会延伸。……鼓励教师积极开发和利用地方和校本的各种课程资源，以满足学生不同学习方式的需要。"可见，课程资源的开发和利用既是教材的需要，更是落实课程标准、实现教学目标的需要。

　　3.《品德与社会课程标准》实施建议

　　课标的实施建议明确指出了课程资源的开发和利用的相关要求。品德与社会课程资源的开发要多样化，并要充分利用现代化教育手段。这说明品德与社会课程资源的开发要多种多样，要与时俱进，要发挥现代化教育的优势。

第二节　课程资源开发与利用的实践

　　品德与社会课程资源的开发与利用，除了认真研读教材、分析课程标准，还要确立具有操作性的、准确的教学目标。因为课程资源是要为教学服务的，即课程资源的选择和运用必须是为完成教学任务、实现教学目标而服务的。在我们的品德与社会课中，课程资源的开发和利用是从以下几个方面进行的。

一、创造性使用教材

教材是教学的范本，教材呈现的教学内容也是教师要完成的教学任务。教材内容是实现教学目标的载体，但是教材的编写是面向全市甚至是全国的学生的，因此其内容的设计具有普遍性，而不具备特殊性。在现实的教学过程中，为了实现教学目标，可以对教学内容进行适当的调整和补充。

我往往选用具有本学校、本地区，或者学生所熟悉或是经历过的事件作为教学内容，这样更容易达到教学目标。例如，在三年级上册第三单元第一个教学主题"我和同学"这一课中，讲到同学之间应该互相关心、相互关爱、彼此帮助、互相尊敬等，但是书上所例举的内容都是具有共同性、普遍性的例子，在每个同学间都会发生的平凡小事，因而也就不够吸引人。如果照本宣科地讲这节课，一定是非常乏味的，学生提不起兴趣，老师也讲的没意思。可是如果把书中的例子换成本学校里学生身边发生的特定事例再来讲解，学生就会结合自己看到的、做到的来为老师、为大家介绍，学生的参与性也就高了。因此在讲授本节课的时候，我就把我校为身患白血病同学捐款的事情作为主要教学内容。让学生回忆学校里的小 A 得了什么病，遇到了什么困难，大家是怎么帮助他的。学生一下子就想到自己曾经为他捐款，班主任老师组织同学们到医院去探望他，大家还给他折了纸鹤，祝福他早日康复……最后问学生们知道小 A 现在怎样吗，当提到他现在已经康复回到学校了的时候，大家都非常的激动。此时，我又请同学们谈谈自己的感受，他们所说的每一句话都是发自肺腑的，都是真实的。这样的教学设计虽然与教材的安排不同，但是教师把学校里发生在学生们身边的事情作为课程资源引入课堂，很容易地调动起了学生的情绪，学生的感受也是深刻的，教学目标轻松实现，大大提高了课堂教学的实效性。

二、将校园特色、校园文化作为课程资源

　　课程资源的范围非常广泛，只要是对教学有利的、有帮助的内容都可以成为课程资源。学校里的文化建设、学校本身的特色等有关的事物只要教师巧妙、恰当地运用，也可以成为很好的课程资源。

　　我校在全面推进素质教育的同时，重视学校校园文化的建设与发展，设立了课程改革试验基地，开设了二十余个特色教室，其目的是促进新一轮的课程改革，扩大学生的学习空间、开阔学生的视野、为学生创设更多的参与社会和动手操作的机会。在二十多间特色教室中，有陶艺教室、有社会角色扮演教室等等，我们把这些特色教室作为课程的资源，并使它为品德与社会教学服务。

　　通过对教材进行深入的分析，我们寻找到了一些教学主题与特色教室之间的联系，开始把品德与社会课的课堂设在了特色教室。例如，在五年级下册"工业与我们的生活"这一单元中就有"感受工业品生产过程"的教学主题，于是我们就将学生带到陶艺教室，让每一个学生都亲手制作一次陶艺。通过亲身实践，学生对工业品生产的过程有了深刻的认识。再如，在进行三年级上册"访访社区里服务的人"这一教学主题的时候，我们把学生带到社区角色扮演教室授课。学生在这里扮演社区里不同的服务者，他们在活动中既要为他人服务，也享受着他人对自己的服务，最后学生自己总结出社区里服务的人彼此之间是相互依存的，虽然大家不认识，但是彼此互相服务。有的学生还体会到，虽然保洁员、保安等服务者的工作看上去很不起眼，但是我们不能没有他们，我们应该尊重每一个服务者，大家都是为社区服务的，不管是做什么工作的都应该受到我们的尊重。教学难点迎刃而解，使课堂教学的实效性落在了实处。

三、依托"蓝天工程"变教室为社会大课堂

　　"蓝天工程"是东城区开设的一个特色项目，它将可利用的教育资源进行整合、利用，搭建网络化、数字化的课外活动管理信息平台，创设没有围墙的校园，让每一位中小学生都拥有自己的课外活动空间，还学生一片"蓝天"。在"蓝天工程"的引领下，学生们走进了科技馆、博物馆、文化馆、纪念馆、图书馆、剧场，参加许许多多的课外活动，开阔了视野。品德与社会的课程资源从中也得以极大丰富。例如，在五年级上册《春秋战国时期的思想家》这一课中，我们就把学生带到了北京国子监的孔庙上课。学生在自己参观，听讲解员讲解之后，完成学习任务，之后带着自己的调查表在孔庙的大展厅里再上这节课。此时不再是老师讲学生听，而是学生滔滔不绝地为老师和身边的同学们介绍了。真正实现了学生是学习的主体，学生全面地参与到教学活动中这一课标理念。

　　又如在讲品德与社会教材四年级上册中的"由购物想到的"这一单元时，教师及时与王府井新中国儿童用品商店联系，带着学生走进了王府井新中国儿童用品商店，学生当了半天的售货员。这一次的角色体验是真实的，而不是模拟的，所以学生们的感受非常的深刻。活动后，有的学生说："售货员的工作真辛苦，也很不容易，有的顾客还找他们的麻烦，真是不应该，以后我再买东西的时候可要对售货员客气些！"有的学生说："当了售货员卖不出东西，可着急了，好容易有顾客来了，一定要笑脸相迎，主动打招呼，仔细介绍，不然人家就不买了！刚开始急得我都给我爸爸打电话了，所以我卖的第一个东西是我爸爸买的！"还有的学生说："给顾客写小票不会用汉字，才觉得上学没好好学习真不对，给顾客包装商品时，我也

包不上，就觉得自己的手怎么这么笨呀！后来在售货员阿姨的帮助下才给顾客包好，真是不容易！"……

通过这样的社会实践活动，学生们不仅积极性提高了，兴趣更浓了，也找到了自己的问题所在，而教学的重点和难点也顺利地解决了。像这样依托"蓝天工程"把小教室变成大课堂的课还有很多：在邮票博物馆里，学生们了解中国邮政的相关知识，知道了邮递员工作的辛苦；在首都博物馆里，学生们认识了不同的四合院、知道了青铜器的知识、了解了老北京的习俗；在农业博物馆里，学生们认识各种农具，知道了中国农业发展的历史；在中国科技馆新馆里，学生动手制作了纸、观看了指南针用于航海的介绍等各种展览，还在这里体验了神奇的中医学……品德与社会课的诸多教学内容都可以在"蓝天工程"整合的各个教育资源中找到契合点，使我们的教学空间更宽广，课程资源更丰富。这无疑是提高课堂教学实效性的有力保障。

四、发挥家长作用，引入家长资源

家长资源是品德与社会课程资源不可缺少的组成部分。家长们有自己的一技之长，在各个领域都有着自己的贡献，于是我们聘请学生家长为学校的义工，请他们为学生们上课，为学生创造与各行工作人员零距离接触的机会。例如：有很多学生家长是外交部的大使或是参赞，于是在讲六年级上册"让中国走向世界"这一单元的时候，我就安排学生去采访这些家长，让他们用真实的故事、感人的故事为学生介绍我们中国外交事业的发展历程。由于是真人真事，学生在看这些采访录像的时候特别认真，听过之后民族自豪感油然而发。这样的教学方式远远比老师讲要好得多，其教学效果也明显提高。

五、挖掘教师、学生自身资源为课程服务

教师和学生是教学过程中最重要的两个因素，他们自身也有可以利用的课程资源，只要我们善于挖掘，恰当运用就会产生意想不到的教学效果。例如：在讲五年级上册"民族团结一家亲"这一单元的时候，我就利用自己是少数民族的优势来上课，结果学生兴趣大增。而且在课上我还及时地向学生们介绍了学校里少数民族老师的比例情况，学生们听后大为震惊，才发现原来自己身边少数民族的人有这么多，接着让学生猜猜：哪位老师是少数民族呢？哪些同学是少数民族的呢？学生们的积极性别提有多高了。下课铃响了，学生们都不下课，还要老师继续讲下去，可见恰当的课程资源能充分地调动学生学习的积极性和学习兴趣，因此课堂教学实效性也会大大提高。

其中我精心设计的最为成功的教学活动，发表在北京市基础教育研修中编写的《来自社会大课堂上的报告》一书中。内容是《走进中国科技馆华夏之光展厅"触摸"中国四大发明》。

教学案例 2 《走进中国科技馆华夏之光展厅"触摸"中国四大发明》教学活动

一、学生活动设计

（一）活动背景分析

1. 基地情况介绍

活动地点：中国科技馆新馆一层华夏之光展厅。

华夏之光展厅通过序厅、中国古代的科学探索、中国古代的技术创新、华夏科技与世界文明的交流、体验空间五个展区，向同学们展示了华夏先

民们的智慧与创造。其中在该展厅的中心区专门设有"华夏科技与世界文明的交流"的展览。

该展览区向人们介绍了中华民族所取得的辉煌成就，不仅改变了自己，同时还远播到世界各地，这些成就或为当地人们直接采用，或激发他们的进行相关研究并产生自己的发明。与此同时世界各国的先进技术和发明也通过各种途径传入我国，为我所用，推动和促进了中国的生产和发展。展区中以介绍中国古代"四大发明"及外传，国外先进科技传入我国为主线。主要展项有与造纸、印刷、火药、指南针、丝绸之路图及多媒体介绍国外传入的科技内容相关。

如该展区中利用电子模拟技术设置了不同的元素制成礼花后会呈现出什么样的色彩；突火枪、一窝蜂等火药武器的视频介绍；利用指南针指示可操作的轮船轮舵等。

在该展厅中，还有一个体验空间。在这个体验空间中，学生们可以看到木版水印、拓片制作、传统制纸的表演。甚至还可以自己动手印一张年画、制一张纸张……这为学生提供了"触摸"中国古代的四大发明的机会。

2. 活动内容与教材之间的联系

本次活动的主要内容是组织学生通过在中国科技馆华夏之光展厅内观看中心展区即四大发明展览和体验展区进行相关活动体验。这一活动内容与首师大版小学品德与社会学科五年级下册第三单元中《祖先的科学技术成就》有着紧密的联系，同时该展厅内的各件展品也是本课教学的有效补充。

教材内容介绍：本课教学内容旨在引导学生了解我国古代的四大发明，了解一些我国古代领先世界的科学技术成就，从而认识我国古代劳动人民的勤劳与智慧，了解我国古代劳动人民对世界文明的发展所作出的巨大贡献，从而激发学生产生热爱祖国文化、热爱劳动人民的情感，以及民族自豪感。

造纸术

教材内容：东汉蔡伦改进造纸术、造纸的原材料以及造纸术传入世界各地区的时间表

展区内容：如何制造纸浆、麻纸、皮纸等纸张的实物展示、可以观看和体验动手体验的造纸活动

印刷术

教材内容：隋唐时期雕版印刷　北宋毕昇活字印刷　先后出现木活字、铜活字、铜活字　14世纪传到朝鲜日本后到埃及

展区内容：活字排版转轮我国最早的文字检索工具木版水印表演和体验活动等

指南针

教材内容：战国时期的司南宋朝用于航海

展区内容：悬缕指南针指南鱼指南车晚清时期指南针英国指南针指南针航行操作台

中国各个历史时期不同的指南工具

火药

教材内容：7、8世纪时发明，9世纪用于军事。武器有火箭、突火枪、火炮等。从阿拉伯传入欧洲各国

展区内容：各种火药武器的视频介绍及模型展，可操作的电子模拟火药烟花屏幕，可以知道使用不同的元素烟花是可以是不同的颜色。

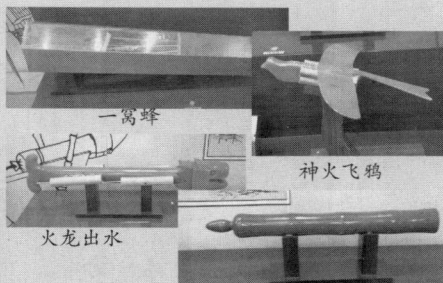

一窝蜂

神火飞鸦

火龙出水

突火枪

课文内容与展馆内容的对比

通过对比图可以看出，展馆内的知识内容比教科书更丰富，而且每一个内容都有可以供学生动手操作的设备。因此，这里是课堂教学内容有效补充和拓展的区域。同时该展区内容又与教材内容如此的接近，所以我们选择了华夏之光中心展区作为本次教学活动的地点。

（二）整体活动简介

学生在课堂上学习过《祖先的科学技术成就》之后，走进社会大课堂——中国科技馆华夏之光展厅，继续了解中国古代四大发明。通过讲解员的介绍，学生完成学习表中的任务，并在工作人员的指导下进行木板水印和造纸的体验活动。从而丰富所学习的知识，知道更多的与中古古代四大发明有关的课外知识。通过听讲解员的介绍和老师的指导完成研究报告。同时活动还提高学生观察、记录的能力、与人交往的能力、动手操作的能力以及总结概括的能力。从情感方面看，学生通过展品的观看和自己动手的操作，亲身体会到了中国古代科技的先进水品，从而感悟到民族自豪，激发学生热爱祖国、热爱劳动人民的情感。

（三）学生活动方案

1. 活动目标

知识方面：通过活动，学生进一步知道造纸术、印刷术、指南针和火药的发展进程；知道四大发明传出中国的相关知识，知道四大发明对中国乃至世界的人类进步的重大影响。

能力方面：学生通过倾听讲解员的介绍以及教师的讲授完成研究报告，从而提高倾听与记录的能力；通过观看展品进行分析记录，提高对信息的筛选和分析的能力，并在活动中提高与人交往的能力；同时在体验木版水印等活动中，提高动手操作的能力。

情感态度价值观：参观和体验活动激发学生对中国古代科技的认同感

和民族自豪感。

2. 活动前准备

教师方面：

教师到中国科技馆进行参观和了解，并请讲解员对展品进行详细的介绍。同时根据需求与讲解员一同商讨活动计划，确定学生可以动手操作和体验的活动项目。教师与工作人员一同制定活动安全预案。

教师找到展品与教材之间的差异与联系，熟悉讲解员介绍的内容与课堂上介绍内容的出处，以便设计活动方案和学生的学习单。

部分展品为可以操作的体验型展品，教师要会使用，并知道使用的操作规程，以便指导学生进行活动。

学生方面：

第一次到中国科技馆参观，考察学生对华夏之光展厅中的展品喜爱程度。回来后，教师上《祖先的科学技术成就》一课，激发学生想要再次走进中国科技馆华夏之光的愿望。此时，学生需根据所学提出自己的问题或是感兴趣的话题。在此基础上，第二次走进中国科技馆华夏之光展厅进行学习。

3. 活动实施计划

借助学校开展的社会大课堂活动和"学习单"课题研究的契机，先后分两次组织学生前往中国科技馆进行参观和学习。之后，根据学生的学习兴趣，安排学生走进我校的课程活动基地，再次进行造纸术和印刷术的体验活动。

第一次走进中国科技馆华夏之光展区：学生到中国科技馆华夏之光展厅进行自由参观，没有教师和讲解员的讲解和介绍，对自己所观看的物品进行喜爱程度的问卷调查。

第二次走进中国科技馆华夏之光展区：学生在学习完《祖先的科学技术成就》一课之后，带着课后延伸和自己感兴趣的问题走进中国科技馆华夏之光展厅进行学习和研究。这次参观不仅有讲解员的介绍还有教师的讲解，同时学生根据讲解员、教师的讲解、观看展品和表演以及自己动手体验等活动，完成研究报告。

在活动后，组织学生撰写自己的收获与体会，同时再进一步对学生进行关于是否愿意再参加体验活动兴趣程度的测评。

4. 活动实施过程

第一次走进中国科技馆华夏之光展厅

活动前：教师设计好针对本展厅展品学生兴趣度和理解度的调查问卷，并在活动前对学生进行问卷填写的注意事项和要求。

参观活动：学生以小组为单位进行参观。根据展品提示牌上的介绍以及对老师的询问，边体验边完成调查问卷。

活动后教师对学生问卷进行分析统计，筛选出学生兴趣度高和理解度高的展品作为进一步学习的内容。

通过数据统计分析，发现学生对中国古代四大发明最感兴趣。基于这样的学生需求，我们首先将教材中《祖先的科学技术成就》一课为学生做了讲授。在课堂上，除了按照传统的教学方法进行教学以外，更加注重的是引导学生是否还有更多的思考，还有什么想要了解的问题，即对中国古代四大发明还有什么疑问或是感兴趣的地方。学生可以根据自己的喜好把自己想要了解的问题记录在"学习单"上，为第二次走进中国科技馆华夏之光展厅做好准备。

附学生兴趣度理解度调查表如下。

史家小学参观科技馆记录单（班级＿＿＿＿）

提示：（1）认真填写，完成后由组长负责收齐交给老师（2）集体行动，注意安全。

姓名＿＿＿＿

参观记录：

请按下表提示的内容，记录并评价自己参观过的展品（评价采用5等级评分，1为"最感兴趣"或"最容易理解"，5为"最不感兴趣"或"最难理解"）：

	楼层	展区	展品名称	感兴趣程度					理解程度				
				1	2	3	4	5	1	2	3	4	5
1													
2													
3													
4													
5													
…													

你最喜欢的展品是哪个？为什么？

_____

_____

_____

_____

＿＿＿＿＿年＿＿＿＿＿月＿＿＿＿＿日

第二次参观中国科技馆华夏之光展厅

这一次学生前来参观可以说是有备而来，因为学生是带着自己的问题和"学习单"来的。这一次与上一次不同，这一次前来参观主要是为了完成自己的学习任务。学生的参观更加具有目的性。

与第一次不同，这回学生一走进华夏之光展厅，就在讲解员的带领下，直接开始了中心展区即四大发明展区内展品的介绍和讲解。

教学过程设计

讲解员/教师行为	学生行为	教学意图
讲解员致欢迎司：欢迎同学们来到中国科技馆华夏之光展厅，现在我们脚下呈现的代表历史不同时期的像年轮一样的通道，经过这一道道象征着历史年轮的时光隧道，我们就步入了中国古代……	倾听，并边走边参观。	激发学生兴趣，感受四大发明与我们的关系。
首先我们进入的中国科技馆华夏之光展厅的中心展区，这里为我们介绍中国古代的四大发明和这些技术对外交流的相关情况。	学生边听边记录。	知道中心展区的主要展品内容以及展区概况。
参观火药展区 火药制成的烟花为什么会有不同的颜色？ 观看中国古代火药武器：一窝蜂、突火枪、神火飞鸦、火龙出水。	学生通过可自己操作的电子显示屏进行操作，并进行自己的研究与发现。	初步了解烟花为什么会有颜色。激发兴趣，丰富课外知识。感受中国火药之神奇。
讲解员：这四件展品是中国古代的火药武器，每一件展品的旁边都有一个按钮，按	学生根据自己的喜好进行点击，通过视频了解各种火药武器的相关知识。	了解火药在军事中的应用，以及火药武器对军事的影响。

续表

讲解员/教师行为	学生行为	教学意图
下它电视中就会为你介绍他的工作原理，它是一种怎样的武器。 　　教师指导学生进行学习单的填写工作。帮助学生梳理所看到和听到的信息。	填写学习单。	

火药焰彩的形成

老师介绍火药武器

讲解员/教师行为	学生行为	教学意图
参观印刷术展品 　　讲解员：现在同学们看大的是中国元朝时期用于活字印刷时所使用的字盘，当人们进行活字排版的时候就会从这里找所需要的文字，然后放在指定的位置。那么这么多的字如何快速找到呢？大家看在字盘的边上有一些文字标识，这是什么呢？你们能猜猜吗？ 　　这些标识就是中国早期的文字检索工具，也就是说通过这些文字的标识我们就能够很快地找到我们想要找的文字，就好像是字典中的偏旁部首似的。据了解，运用这样的方法可以找到几乎当时所有的文字，听了这些你们有什么感受呢？	学生观看，并触摸展品。 　　小组讨论并提出自己的猜测结果。 学生自由发言。 进行学习记录。	通过学习了解活字印刷排版的有关知识，同时激发学生们的民族自豪感和对中国文化的认同感。

讲解员/教师行为	学生行为	教学意图
活字排版　学习记录		观看转轮排字盘
参观造纸术展品 　下面我们看到的这个像大火炉一样的东西是什么呢？你们谁知道？ 　这就是用于造纸术时专门熬制纸浆用的熔炉，那么为什么纸浆要熬制呢？当时的纸又是怎么做的呢？ 　下面请同学们看看这里的视频资料，来进行了解。 　教师和讲解员进行补充介绍。 　中国的四种纸：麻纸、皮纸……	学生自由发言。 学生观看造纸术的视频。 进行学习记录。	激发兴趣。 　知道造纸术的简单过程，知道当时造纸用的原材料便宜、容易找到，但是制作过程却非常讲究。 　初步了解一些传统的造纸手工方法。
中国的皮纸、草纸、麻纸、竹纸展品		了解造纸过程

续表

讲解员/教师行为	学生行为	教学意图
参观指南针展品 请大家看，这是什么？ 那么指南车是如何进行方位辨别的呢？	学生动手操作指南车，体会和感悟指南车的工作原理。	初步了解指南车的工作原理。知道指南车是如何辨别方向的。
在指南车之后，又出现了指南针，下面就请同学们看看，这些就是在我国历史上出现的各种不同的指南针，你们认识哪个呀？	学生自由发言。	认识我国古代的各种指南工具，感受中国古人的智慧。激发民族自豪感。
讲解员进行判断和补充。 之前，我们学习了关于中国古代四大发明的相关知识，你们谁还记得，指南针是什么时候开始用于航海的呢？	进行学习记录。 （宋朝）	知道指南针对航海的影响。
下面请同学们看，由于指南针用到了航海中，所以人们就可以到海上进行远行了。这个展品是可以让大家动手操作的一个装置，屏幕上有航海路线图，和指南针，请你根据他们的指示来操作轮舵，找准航向。谁来试试？	学生体验活动。 完成学习记录。	体验活动，激发兴趣，体会中国古人的聪明才智。

认识各种指南针　　　中国与英国指南工具对比　　　指南针用于航海的原理

讲解员/教师行为	学生行为	教学意图
现在，中心展区的参观和学习就到这里了，下面，我们的古代科技技术表演就要开始，请大家跟我一起去看看吧！		过渡到体验区进行学习与活动。

讲解员/教师行为	学生行为	教学意图
表演1 石碑拓片 现在我们要观看的是石碑拓片的表演。 工作人员进行表演。 介绍石碑拓片的有关知识和技术技巧，并回答学生的问题。	学生可以提问。	了解中国传统手工艺技术。 增强学生对中国传统文化的认同感。

体验活动

自己做拓片

讲解员/教师行为	学生行为	教学意图
表演2 木版水印 木版水印是雕版印刷的一种。 工作人员边介绍边进行水印展示。 木版水印还可以进行套印，套印的技术要求非常高，通过套印可以将图画作品印成各种不同的颜色。今天，同学们可以尝试先做一次单色的木版水印画，谁来试试？	学生观看表演并进行学习记录。 学生自己动手体验，进行木版水印的印画活动。 作品展示。 说说自己的感想。	初步知道木版水印这种传统的手工技术。 通过体验活动，激发兴趣，感受成功的喜悦，同时感悟中国古代劳动人们的卓越智慧。

体验活动——木版水印

续表

讲解员/教师行为	学生行为	教学意图
手工抄纸	烘干	作品展示
学生进行手工雕版印刷体验		
教师收集学生作品和学习调查报告。	完成学习记录并撰写研究小报告,之后上交给老师,为下次课的交流做好准备。	

(四) 主题实践活动内容的确定选择

在本次参观活动前,我校与中国科技馆一同承担了"学习单"课题项目的工作。为此,我们第一次带学生走进了中国科技馆,目的是对学生进行"关于科技馆内展品兴趣度和理解度水平的测评"工作。通过对学生问卷的统计与分析我们发现,学生对于中国古代四大发明这一中心展区内的展品学生们的兴趣度比较高,而理解度也很高。因此,可以说这部分内容是学生们比较喜欢的展区。

同时,我们又对我们的教材进行分析,找到了教材内容与中国科技馆展品之间的内在联系。我们发现:关于中国古代四大发明的内容既是教材上的学习内容,同时也是科技馆中学生感兴趣的内容。因此,我们确定了进一步在科技馆学习的研究主题——"触摸"中国古代四大发明这一主题实践活动。

学生问卷数据统计表（参观人数：21 人）

序号	展品名称	参观人数	所占比例（%）	感兴趣程度					理解程度				
				非常	比较	一般	无	非常不	非常	比较	一般	无	非常不
1	火药	16	76.2	7	4	2	1	3	7	5	2	0	2
2	印刷术	21	100	11	2	1	1	6	11	2	3	2	3
3	指南针	18	85.7	8	2	4	1	3	10	3	2	3	0
4	造纸术	18	85.7	10	2	1	3	1	9	2	4	1	2
5	走马灯	15	71.4	4	2	1	7	1	6	4	3	1	2
6	龙洗	10	47.6	4	1	1	2	2	5	2	3	0	0
7	九章算术	6	28.6	0	3	1	2	0	1	2	3	0	2
8	地动仪	6	28.6	4	1	0	1	1	4	1	0	1	1
9	浑仪	8	38.1	0	3	5	0	1	3	2	1	1	1
10	圆周率计算	9	42.9	3	1	3	2	0	2	6	0	0	1
11	七巧板	4	19	1	3	0	0	0	3	1	0	0	0
12	编钟	3	14.3	2	0	0	1	0	0	2	1	0	0
13	转轮排字盘	2	9.5	2	0	0	0	0	1	1	0	0	0

对于你最喜欢的展品是哪个？为什么？这个问题的数据分析如下：

最喜欢火药展品的学生有 8 人；最喜欢指南针展品的学生 4 人；最喜欢龙洗的学生 2 人；最喜欢九章算术、华容道、三垣四象二十八宿、编钟、浑仪、走马灯展品的学生各 1 人，一名学生没有喜欢的展品。

数据分析：

教师为学生推荐了 13 项展品，请学生进行观看，其中观看人数由多到少的依次为印刷术、指南针、造纸术、火药、走马灯、龙洗、圆周率计算等，由此不难看出，学生们对我国古代的四大发明是比较关注的。从学生的感兴趣程度和理解程度来看，学生们对四大发明的兴趣高，同时理解也比较容易。另外，从学生的喜爱程度上来看，喜欢火药和指南针展区的学生人数是非常多的，基于这样的实际情况，我们最终确定了第二次到中国科技馆的学习主题。

（五）学生个体研究情况

教师为学生设计了学习任务记录表即为学生的研究报告表格，表格内容分为课堂学习和社会学习两部分内容，通过这两部分学习内容的记录，以及自己提出的新问题并进行解决的记录和分析，学生撰写简单的研究报告。

附研究报告表格：

"触摸"中国古代的四大发明研究报告　　　　　姓名：_____

课堂学习《祖先的科学技术成就》后的收获				
名称	造纸术	印刷术	指南针	火药
通过课堂学习我知道了				
学习后我的新问题				
参观中国科技馆科技华夏之光展厅后的收获记录				
名称	造纸术	印刷术	指南针	火药
通过参观、听讲解员的介绍以及体验活动我找到问题的答案，又知道了……				
我的研究报告（可以只针对一项发明技术撰写）				
"触摸"中国古代的四大发明研究活动的感悟与体会				

二、学生活动报告

（一）研究报告

学生通过课堂学习和到社会大课堂——中国科技馆华夏之光展厅学习后，完成了学习研究小报告。汇总如下：

课堂学习《祖先的科学技术成就》后的收获				
名称	造纸术	印刷术	指南针	火药
通过课堂学习我知道了	东汉：蔡伦改进了造纸术；用树皮、麻布、破渔网等做原材料；后来传到了日本、韩国、阿拉伯、欧洲、非洲等地。	隋唐：雕版印刷出现；北宋：毕昇发明活字印刷术，后来传到了朝鲜、日本、埃及等地。	最早的指南工具——司南；宋朝时指南针用于航海。	公元7～8世纪发明，是在炼丹的时候发现的；唐朝时用于军事，火药武器有：一窝蜂、突火枪…… 原料：硝石、硫磺、木炭。
学习后我的新问题	谁最先发明的造纸术？这些东西怎么就做成了纸？		指南针的发明者是谁？ 指南针为什么可以指方向？ 指南针为什么可以总是指正确的方向？ 司南的原材料是怎样被发现的？ 指南针的材料什么？	怎么制作的？ 木炭、硝石、硫磺是什么？ 当硝石、硫磺、木炭按什么样的比例放在一起就成火药了？ 最开始的火药什么样？ 为什么三样物品放在一起会爆炸？ 火药和炸药有区别吗？

续表

参观中国科技馆科技华夏之光展厅后的收获记录				
名称	造纸术	印刷术	指南针	火药
通过参观、听讲解员的介绍以及体验活动我找到问题的答案，又知道了……	竹纸的制造是先把竹子和香竹灰一起煮8天8夜、在把竹子纤维压缩、把网出的纸都放在一起压水、在火墙上烘干；古代有皮纸、麻纸、草纸、藤纸，他们的原材是黄麻、楮皮、苦竹、龙须草；我国的造纸术沿东、西、南三条线传向外国。	转轮排字盘是元代王祯设计发明的。共有三万多个木活字，并设计了转轮排字盘，把木活字按韵分类摆放；清道光年间，安徽泾县人翟金生，仿效北宋毕昇，造出了五种不同字号的泥活字；毕昇用胶泥刻成一个个单字，用火烧硬后再排版，再放上纸印刷，印后取下泥活字还可再用。	指南针有：悬缕、水浮、指南鱼、水罗盘、指南龟…… 明代水罗盘刻有8天干、12地支、4卦等24方位……中国在1119年以前已经在航海中使用了指南针；指南针是用磁石磨成针制成的。	最早的是黑火药；火药的武器有：火龙出水、神火飞鸦。

我的研究报告（可以只针对一项发明技术撰写）

公元105年左右，东汉蔡伦改进了造纸术，在总结前人的基础上，用了几十年的时间发明了以树皮、麻头、破布、旧渔网等为原料的造纸术。

能产生火药的主要成分是硫磺、硝石、木炭等，火药燃烧后大量气体，发生爆炸。

古人摸索出以硫、硝、炭为基本成分的黑色火药雏形配方。

火药是曾经在战中反复使用的武器，同时也是现代的火箭、烟花的起源。

火药的种类很多，而且变化一下材料就可以变化颜色，真是奇特。

元朝的王祯设计了三万多个木活字，并设计了转轮排字盘，把木活字按韵分类，摆放在转轮排字盘上。它需要两个人来一同工作，排版时人喊号，一人坐中间左右推动转盘取字，省力又快速。

印刷术：隋唐印刷术时期发明的活字印刷术，之后传到朝鲜、日本……印刷术的纸一般由经过纸浆处理植物纤维浮液，在网上交错组合。

印刷术中的木板水印是一种复制工艺，集绘画、雕刻为一体。拓片、水印都属于印刷术。

我的研究报告（可以只针对一项发明技术撰写）

转轮排字盘的明说是两个转轮排字盘组成一副，排版时一人喊号，一画帽，左右推动转盘取字，既省力快速。

我的研究报告（可以只针对一项发明技术撰写）

转轮排字盘：
元代王桢设计了三万多个木活字，并设计了转轮排字盘，把木活字按韵分类摆放在转轮排字盘。

我的研究报告（可以只针对一项发明技术撰写）

公元105年左右，东汉蔡伦在总结前人经验的基础上，用了十几年的时间，发明了树皮、麻头破布、旧渔网等为原料的造纸术。

我的研究报告（可以只针对一项发明技术撰写）

火药的主要成份是：硫磺、硝石、木炭等成份，火药燃烧后能产生大量气体，发生爆炸。

我的研究报告（可以只针对一项发明技术撰写）

印刷术。印刷术是隋唐时期，发明的活字印刷术，之后传到朝鲜、日本……印刷术的纸一般由经过纸浆处理植物纤维浮痕，在网上交错组合。

我的研究报告（可以只针对一项发明技术撰写）

火药。最早出现在中国，公元7、8世纪发明，最先火药是黑的，用来做娱乐的东西：一窝蜂，大筒……火药是用：硝石、硫黄和木碳制做而成。

（二）学生的感受和体会

我感受到中国四大发明很伟大，他们是古人细心观察后的结果，我也要向古人学习，要有勇于发现的精神。

——史家小学张子盛

原来古人的发明是一代代人不断地不懈努力，经历反复的失败，才会发明出来的。

——史家小学毛子龙

我感觉中国不仅是古代的强国，还是现代的大国，所以我相信未来的中国也一定还是强国！

——史家小学王萧涵

我觉得中国古人真是了不起，发明的东西用途都很大。其中我就体验了木板水印，自己印了一幅"六子游戏"的画，又快又好！

——史家小学曹子慧

我们知道了中国古代的四大发明——造纸术、火药、印刷术、指南针是怎么发明的，我和同学还印了一幅木版水印画，名字叫"六子游戏"，其中有三个娃娃拿了桃子、苹果和柿子。

——史家小学杜阅薇

古人的想象力真丰富，能做出这么多有用又趣的发明，这个要一代代地传下去，告诉人们古人是费了多少努力才创造了美好的今天。

——史家小学欧阳俊哲

中国古人真聪明，研究出了震惊世界的"四大发明"，让全世界的人都知道中国有多么的强大。

——史家小学赵鸣谦

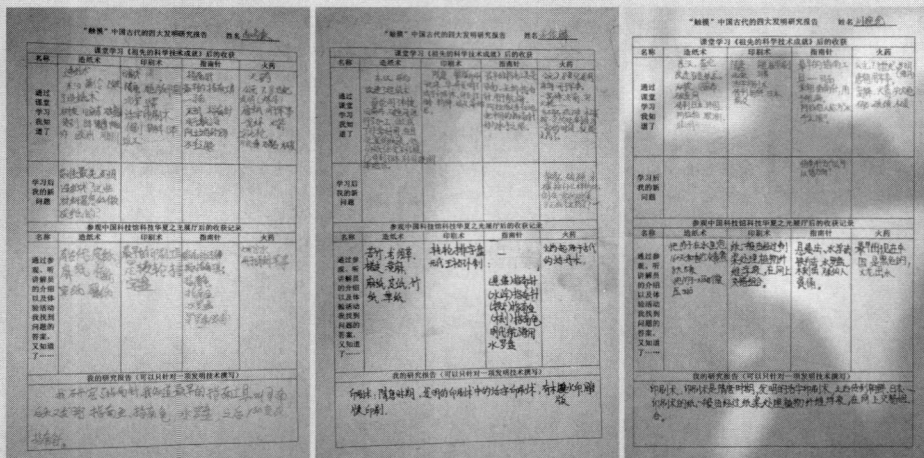

"触摸"中国古代的四大发明研究报告

　　带领孩子走中国科技馆进行学习，让我收获良多，随后，我开始构思如何将学生更多地带出校园，怎样把我们的教学内容与社会资源单位中的优秀教育资源对接，把我们现有的课真的上成"社会"课，让其真的成为一种锻炼学生的综合实践课程。对此，我开始了深入的探索。

第三章

博物馆资源的课程开发

第一节　在品德与社会学科中进行资源单位
课程开发的目的与意义

一、资源单位的课程丰富了学校的课程体系

在和谐课程观的指引下，学校综合考量课程在生存、生活和生命三个层次的价值，系统整合国家、地方、学校三级课程，搭建了以"书本课程、行动课程、数字化课程、个性化课程和特色活动课程"为主体的和谐课程体系。该课程的开展和实施，极大地丰富了学校的课程体系，成为学校行动课程中重要的一环。同时资源单位的课程，还令各学科老师们的课堂更加丰富，拓展教学空间。在资源单位学生面对大量真实且鲜活的文物、艺术品等，学生的学习兴趣十分浓厚。这样的课堂不仅具有实效性，更是具有深度和广度，也满足了学生的不同需求，体现了另一种教育均衡。

二、资源单位的课程有利于积蓄学生的潜能

学生在学习中，学得自信、主动、愉快，他们看到了在教室里看不到的"教具"，学到了教室没有的知识，在与同学、老师和讲解员的沟通与交流中，表达能力、与人交往的能力有明显的提高。同时，他们的观察力、

信息筛选的能力、记录分析的能力也有明显的提高。而且在后续的家长反馈中，我们还发现，孩子的学习动力更强了。很多家长表示，孩子回家后会滔滔不绝地为家长讲述自己的特殊学习之旅，会要求家长再次带自己去参观，会主动要求看史记，会与家长谈论更多的政治、经济以及新闻话题……显然，孩子们在这样的课程中不仅提高了能力，更是积蓄了学习的潜能。

三、资源单位授课给教师专业提升提供了资源

课程的开设还给老师们提供了成长和学习的平台。老师往往为了一节课会多次与资源单位的专业人员进行深入沟通，这无疑会促使教师的专业知识有所提升。同时，老师们在课程实施的过程中更加有团队意识，能够与跨领域的专家学者进行交流，并合作完成课程。老师搜集信息、整理信息、建立教学资源库的意识明显提高。教师在课堂上的驾驭能力、对教材的理解、对专业知识的熟练掌握程度等都有明显的提高。在这样的过程中，我们教师队伍的水平也在不断地提升着。

四、资源单位的课程是家校协作的平台

一直以来，很多家长都期望参与学生的学习成长过程，但是传统的校园班级授课制度不能满足家长的这一需求，仅仅是每学期一次的家长开放课也同样不能满足家长们的期望。而资源单位的课程则可以请学生家长自愿参与，并且我们的家长也可以参与学生的活动。在活动的过程中，家长甚至可以作为"导师"或者是义工协助老师带领学生进行学习，当然家长

也可以作为一个旁观者，观察自己孩子的学习过程。这样开放的课堂，为家长提供了更好的了解孩子、参与孩子成长的机会。

第二节　资源单位课程化开发的实施过程

在资源单位课程化开发的过程中，我们历经了四个阶段的探索过程，在这个过程中，我们与国家博物馆、中国科技馆、北京天文馆、中国美术馆、中国妇女儿童博物馆、吴裕泰茶叶有限公司等多家社会资源单位建立了长期的合作关系，为我们的博物馆课程的开发奠定了坚实的资源基础。

资源单位课程开发的探索实施过程经历了如下四个阶段。

一、第一阶段：2006～2007年与春秋游活动相结合的博物馆课程

最初的品德与社会学科综合实践课程是与学校的春秋游活动相结合，即每一次的春秋游活动地点均选择博物馆等资源单位为活动地点。学生通过自主参观、活动后交流汇报的形式进行开放的学习。将学生引领到活动中学习，在学习中活动，培养学生的观察力、交往的能力和体验感悟力。

阶段目标：实现学生全员参与，实现所有学生能够走出校园，享受博物馆的优质教育资源，在参观中获取知识。

二、第二阶段：2008～2009年开设具有班级特色的博物馆课程

随着探索活动的深入开展，我们开始选择更加便于课程实施的博物馆

进行综合实践课程的开发与尝试。于是学生们在学校有目的、有计划的组织下开始走进博物馆进行学习。但是在这个过程中，我们又发现"大面积"地组织学生到博物馆进行学习依然存在着问题，例如活动中学生组织困难、重点不突出、博物馆资源利用不充分等。为此，我们提出了开设具有班级特色的博物馆课程。要求教师在学生外出学习之前要制订学习计划或者是方案。并且以班级为单位，开展具有指向性的特色博物馆课程。为了能够提高博物馆课程的实效性，我们与班主任老师联手，一同在博物馆中为学生进行导学。

阶段目标：班主任老师与学科教师建立合作机制，联手组织学生到博物馆进行有效学习。

三、第三阶段：2010～2011年开设具有学科特色的博物馆课程

在前两个实施阶段的基础上，我们发现学科教师在博物馆授课，更加具有优势，也更加符合学生的需求，因此，2010年我们提出了开设具有学科特色的博物馆课程。学科特色的博物馆课程即教师根据自己学科的教学内容，找到相应的博物馆资源，对博物馆中的资源进行筛选，找到与学科教学的契合点，据此进行教学设计。在有了完善的教学设计之后，再组织学生前往博物馆进行授课。这样博物馆课程变成教师授课，而博物馆内讲解员资源的利用以及展陈的使用等方面就出现了有效利用的"空间"。

阶段目标：利用博物馆资源进行授课，使博物馆课程成为学科拓展课。学生在博物馆中进行自主学习。

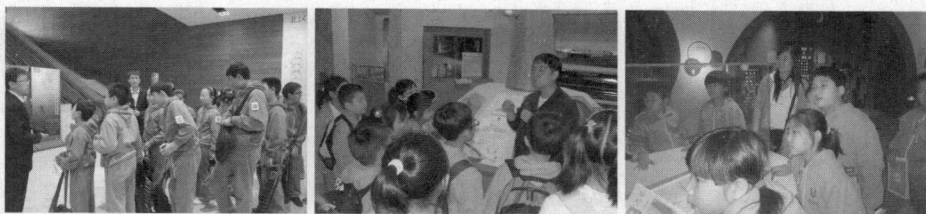

学校老师在博物馆授课

四、第四阶段：2011～2012 年"双师"进课堂的博物馆课程

从 2011 年开始，老师们在原有的基础上与多家博物馆建立密切的联系与合作关系，联手博物馆社教部的老师们与学校的学科教师共同研讨、一起备课，共同设计教学活动，实现"双师"进课堂，即学校老师和博物馆讲解员共同为学生授课，形成具有学科特色的博物馆课程。另外，我们还以博物馆为依托开展了专题性的博物馆研究。

阶段目标：建立跨领域、跨学科、跨年段的博物馆课程教育基地，同时在基地进行课程的开发和实践，并与建立合作关系的博物馆共同研发博物馆课程教材或学生读本。

博物馆老师上课

此时，在品德与社会学科中资源单位课程的建设工作，已经从一个点拓展到一个面，从一个学科拓展到多个学科，而品德与社会学科的教师在这个过程中也开始向着综合型教师迈进。

学校老师在博物馆上课

第三节　博物馆课程基地的开发与建设

一、博物馆课程资源单位的选择

在博物馆课程开发的过程中，重要的一项工作就是与博物馆建立长期的、稳定的合作关系。面对众多的博物馆和社会资源单位，我们如何从中选择适合学校教育的博物馆呢？

原则一　根据学校的实际情况为标准进行筛选。我校具有学生多、班级多且各种校本课程内容丰富、各项校内外的实践活动多姿多彩的特点，针对这一现状，我们首先要选择的博物馆就应该是能够容纳大班额、多班级学生参与的场馆。其次，就是该场馆不仅要有丰富的展陈，同时应该有可供我们授课的学习体验区。

原则二　博物馆内的各种展览以及展陈应该是与学校现有课程有契合点或者是可以结合、拓展的。因此，我们要将展馆的资源与学科教学进行联系，之后再具体到某一个教学内容，进行梳理，最终确定下可以成为授课基地的博物馆。

原则三　博物馆要有固定社教人员，能够与学校教师组成教研组或者研究小组，共同进行课程的开发、教学活动的设计、教学方法的研究。

基于这些原则，我们从众多的博物馆之中选取了国家博物馆、北京天文馆以及中国科技馆，开设我们的博物馆课程。

二、博物馆课程资源体系化

如何将博物馆课程的开设得有质有量，仅仅与资源单位建立合作关系显然是不够的，而要与之建立长期的、规范的、稳定的共谋供求的关系。为此，学校与资源单位共同协商，签订合作项目书，共同组建研究小组，聘请资源单位的老师为学校博物馆课程的授课导师。

在双方共赢的基础上，博物馆课程已悄然走进综合实践课的课表，虽然以品德与社会学科为出发点，但是它已经逐步成为学校的一门特色课程。在这一过程中，博物馆则成为学校课程实施的基地，成为学校校本课程建设的重要资源保障。

与博物馆老师一同研讨备课

三、联手国家博物馆开发综合实践性课程

中国国家博物馆是中华文化的祠堂和祖庙，是国家的文化客厅，是我国最高的历史文化的艺术殿堂，这里记载着中华民族五千年文明足迹，展

示着我们伟大祖国的历史文化艺术和社会发展的光辉成就，是中华儿女传承历史、开拓未来的精神家园，是广大公众特别是青少年学习历史和文化知识、接受爱国主义教育和接受审美教育与文明熏陶的终身课堂。

从 2012 年 9 月开始，史家小学的师生一同走进国家博物馆开始了真正的博物馆教育活动，在为期一年的磨合中，双方无论是从教育的理念上，还是对传统文化教育的理解上，都达到了高度的一致。在经过友好协商之后，国家博物馆与史家小学在 2013 年 9 月正式签署合作协议，共同牵手打造以"历史与艺术的体验"为核心内容的"别样"课程——"漫步国博史家课程"。

四、建立健全课程实施的保障机制

1．人员方面

组建课程开发实施小组，校长亲自牵头，教学、教育、科研副校长共同担任课程开发项目负责人，教学主任担任执行负责人，各学科教研组长及骨干老师为核心成员。

2．时间方面

充分高效利用国家综合实践课程课时，按照每学期不少于 8 课时的要求，博物馆课程与国家课程一起进行课表套排，高效高质量地开足博物馆课程。

3．资金方面

充分合理利用国家下拨的综合素质提升工程专项经费，为课程的有效实施提供资金保障。

五、组建"跨领域"的教育协作体

在当前课改的大潮中，博物馆教育进校园在我国还是一项新生事物，史家小学如何将博物馆教育扎实有效地推进并展开呢？怎样将学校教育向社会进行有效的扩展和延伸，并在新一轮的课程改革中再次脱颖而出呢？仅仅依靠学校教育、学校老师是远远不够的。新的教育理念在告诉我们，当前的教育要能够融合各种资源，开展综合性、实践性为主的课程。我们的教育观念要从"课本是教育的世界"转变为"世界才是真正的课本"。为此，我们联手国家博物馆，充分利用国博的各种教育资源，进行积极有效的新课程开发与实施。

2013年9月，随着史家、国博共同开发课程的教育合作项目的开展，我们与国家博物馆社教部的老师们组建了"跨领域"的教育协作体。在这个团队中，既有擅长教学工作的学校老师，也有具备历史文化专长的博物馆专业人员。双方发挥自身优势，并进行优势互补一同开发适宜学生学习的有效课程。

六、共建"穿越"学科边界的综合课程

"漫步国博　史家课程"是一门在小学中高年级开设的从认知自然入手对人类社会生存发展的规律规则进行梳理总结的综合性课程。该课程力求通过"历史与艺术的体验"方式，让学生感受到中华文化的厚重。

"漫步国博　史家课程"不同于其他博物馆课程的关键之处就在于，该课程不是简单的国家级课程的补充与拓展，而是利用国博教学资源检验国

家课程综合运用的一门课程。学校的教育是课本教育，给学生打造的是一个符号世界，学生们通过分门别类的对符号世界的认知来获取相应的知识。而人类的真实社会则是不分类别的，是一种综合性的生活现实。在生活中，我们不会把每顿饭分成农业技术、烹饪技术、摆盘艺术、健康原理、发展演变等类别去告诉学生这就是我们吃的饭，因为他们之间是相互融合的，难以区分的。而在符号世界的教学中，老师们会有这样的一种表述习惯，科学老师经常会这样说："因为科技进步了，所以新的……出现了……"美术老师则会说："我们从这一些不同时期的作品中能够感受到人类的艺术在不断地进步和发展着……"那么，科技与艺术之间的关系是什么呢？没有哪一个国家级学科来给学生做解答。可是，在真实的社会中，无论是科技，还是艺术，甚至是人们的精神追求基本上都是同步发展的，是融合在一起的，并不是先出现了科技才有了艺术，或者是先有了艺术再发展科技……所以说，校园里符号世界的教育缺少真实事物间的联系，而"漫步国博　史家课程"的教学内容则是从真实世界出发，带领学生步入其中所蕴含的不同方面的知识，从而感受真实的人类社会发展变革。当然，能做到这一点，还要依赖于国家课程为学生打下的知识底蕴，因此说"漫步国博　史家课程"不是简单的国家级课程的补充与拓展，应该是从综合的角度去审视教学内容，为学生综合运用学科知识提供一个载体和途径，从而帮助学生从符号世界走向真实世界。

在这样的理念支持下，本课程以学生所熟悉的汉字、饮食、服饰、乐戏为基础进行建构。各主题内容中有机融合了语文、历史、地理、天文、生物、科学、音乐、舞蹈、美术、书法、劳技、品德等学科知识，引导学生通过与自己生活密切相关的自然与社会环境、社会活动与关系、人文文化与规范的交互作用，不断丰富和发展学生的社会生活经验和艺术审美情趣，加深他们对个体与群体、民族与国家、历史与艺术的正确认识和理解，形成基本的道德观、人生观、世界观和价值观，初步掌握人类社会的发展脉络，具备一定的艺术鉴赏能力和培养良好的人文情怀。

七、打造"双师进课堂"的授课方式

"漫步国博　史家课程"的每一次授课，都是由史家老师和国博讲解员一同完成。在课前，双方老师一同备课，一起商讨活动设计、共同准备教学材料……最终实现"无缝连接"，这样的充分准备则打造了高效的特色课堂。在课程中，老师和讲解员一同担任学生学习的引领者，一起带着学生走进历史的长河。在展厅中，讲解员带着学生穿越古今，聚焦文物，启发思考；在体验教室中，老师们则帮助学生探索发现，寻根溯源，解读疑惑。"双师进课堂"的授课方式逐步形成。

在国家博物馆里，老师与讲解员一同为学生上课

八、探索"体验与互动"的教学模式

博物馆里的学习不同于常规的课堂教学，博物馆课程在教学环境、教学空间、教学时间等方面有着得天独厚的优势。学生的学习可以打破时间、空间的限制，学生可以充分地进行体验与参与、表达与对话，可以与同伴、

与老师进行充分的互动交流。在展厅中，学生通过看文物、听讲解、想问题等"学习刺激"会产生极大的好奇心与强烈的求知欲，他们可以随时向老师、同伴、讲解员发问，对自己感兴趣的问题进行探讨。在体验教室中，学生可以与小伙伴一起进行动手实验、制作、绘画……对所学的相关内容进行充分的体验。经过一年的尝试，我们发现"体验与互动结合"的教学模式是学生们最喜欢的学习方式。

第四节　利用国家博物馆资源进行课程开发的实践价值

在我国基础教育的学术研究领域，曾经有一次著名的学术论战，即2004年北师大王策三教授与华东师大钟启泉教授的观点交锋。一方是中国老一辈的教学论专家，一方是新课程改革的倡导者。王策三教授撰文《认真对待"轻视知识"的教育思潮》，钟启泉教授随后对该文章进行反驳，并将前者的理论基础形容为"发霉的奶酪"，双方就知识和能力的培养进行了多次争鸣。

学术的争鸣总会给旁观者带来新的智慧启迪。什么是知识？什么是能力？知识怎么获得？能力怎么培养？二者有什么关系？这一系列有关教育的基本问题是我们进行深入研究的基础。我们召开的"基于学习优势理论培养小学生基本学习能力的研究"推进会，实际上就是将这一话题放置在史家和谐教育的实践中进行的进一步的考量。

在国博课程开发过程中，我们曾经也有过这样的疑问：作为小学生有必要知道那么多关于距离我们如此之久远的文物的相关知识吗？有必要知道后母戊鼎是怎么铸造的、鼎上的花纹有着什么含义吗？对于这个问题，我们想说："知识的外衣固然美丽，获得知识的过程却是最美丽的花朵。"这些知识固然可以通过老师讲授、课本或者网络轻而易举地获得，但是通过自主探究实现知识的增长和基本学习能力的培养，才能引领孩子走入真正的学习情境，这也是史家和谐教育的真正目的所在。

一、国博课程开发与学生基本学习能力培养

（一）获取信息能力培养

在信息社会中，一方面，许多信息"百度一下你就知道"，信息资源不断更新，不断扩容；另一方面，冗杂信息也随之增多，日益泛滥。因此，引导学生从小学会观察各种事物，提高收集信息和处理信息的能力，就显得尤其重要。而博物馆所陈列的大量凝聚人类智慧与文明的文物展品为学生提供了一个培养信息能力的崭新载体。

对于一件文物，由于其身上所承载的丰富信息，才使之具有无限的历史价值和艺术价值。但是，如果我们未能提取出这些信息，这件文物对于我们而言就是一个毫无生命的"破旧玩意"。例如"斗彩鸡缸杯"，如果不了解其背后的历史信息和艺术价值，就很难理解其被 2.8124 亿港币拍卖的现实。

在国博课程中，我们主要通过多角度、多对比、多渠道的方式，培养学生的信息能力。

1. 多角度解读文物，获取立体信息

文物具有直观、形象、生动的特点，培养学生信息能力的优势是其他教育手段所难以代替的。对于同样一件文物，我们有着不同的教学视角。如对于青铜器，在不同的主题课程中有着不同的信息获取角度。书法学科

在国家博物馆里，同学们一起探寻茶具与茶的起源

对铭文的探究，使学生了解中国文字的发展；美术学科对纹饰的探究，使学生了解中国传统艺术的精湛以及中国古人图腾崇拜的特殊习俗；劳技学科对"内模外范"的探究，使学生对中国传统制造工艺的发展有所了解；品德与社会学科通过对各种各类青铜器的探究，使学生认识古代中国辉煌的青铜时代……经过多学科、多角度的立体学习，展现给学生的是一件凝结着先人劳动和智慧的丰富历史文物，看到中国人在当时的社会条件下所表现的惊人创造力，看到他们在创造文明、书写艺术、探索科技等多方面的许多辉煌成就，必然会激起学生心中热爱祖国的强烈情感。

2. 多对比司类文物，获取信息链条

单件文物足以提供给学生丰富的信息点，但是当多件文物按照某种历史脉络呈现在学生面前时，则是一个完整的信息链条。在国博课程中，我们以"学习单"的方式引导学生对同一学习主题下的多个文物进行自主探

在体验教室中，老师和学生一起设计茶席

究，从而让学生在文物的历史发展脉络中发现其内在价值。如《茶的起源和发展》一课中，我们需要学生初步了解自古以来饮茶方式的演变和发展，即"煮茶——煎茶——点茶、斗茶——泡茶"的用茶、饮茶演变过程。如何探究古人的饮茶方式，对于身处现代社会的我们来说存在诸多困难。本课以国家博物馆"古代中国"展厅中的四件不同时期的珍贵文物（南朝的青瓷盏托，唐代的汤瓶、风炉、茶釜、渣斗、茶臼，宋代的玳瑁碗，明代的斗彩婴戏纹杯）为课程的突破口，通过探究这些不同时期的茶具的特点来探究不同时期的饮茶习惯，初步了解不同时期人们的饮茶方式的演变和发展。

3. 多渠道信息来源，形成信息素养

在国博课程中，学生所接触信息的来源是多元的，如每一主题的学习都需要听取讲解员讲解、史家老师授课、同伴互助、自我探究等。各种信息媒体也是多元的，如学习单、教材、课外资料、展厅介绍等等。每一次的学习过程学生都会通过听、看、写、画、做、思等多种方式来获取、整理信息。在这种崭新的学习形式中，学生所形成的信息能力也可以积极地迁移到其他学科的学习中。受国博课程影响，诸多学生已经主动要求在课余时间到博物馆或其他资源单位进行自主学习，从而丰富自己的信息获取渠道。

（二）自我监控能力培养

在一次课程准备中，老师们决定带一个相对淘气的班到国博，由于班内有几个在平时课堂中不太遵守纪律、缺乏自我监控能力的学生，对于他们能否在更加不可控的国博课堂里遵循基本的学习规则，老师们纷纷表示担心，并做好了充足的预案。但是，在课程实施的过程中，这个班学生的学习专注度和自我监控能力大大出乎老师们的预料，甚至要比平时课堂中纪律较好的班级表现得更好，他们的优异表现得到国博老师的一致认可。对此案例，老师们充分反思，认为博物馆课程的教与学与传统课堂有着较大差异，给了学生充分发挥其自我监控能力的空间。

1. 转变教学方式

如果在教学过程中，处处以教师为中心，时时对学生严加监督，会导致学生学习缺乏主动性和独立性，习惯于依赖教师，依赖课本，依赖权威，从而阻碍了学生学习自我监控能力的形成与发展。在国博课程中，教学不受课堂教学时间和空间的限制，老师们与学生围绕一主题共同探究，特别是在展厅学习的过程中，老师的身份也从施教者转变为学习者，这种地位的平等和角色的转换打破了"教师教"和"学生学"的界限，让学生真正成为学习的主体。

2. 激发学习动机

根据学习动机的指向不同，我们可以把学习动机划分为外部学习动机

（即为应付家长或教师的检查和考试而进行学习）和内部学习动机（对所学内容真正感兴趣，为了弄懂和掌握知识与技能而进行学习）。在外部学习动机的驱使下，学生往往会采取肤浅、消极、被动的学习态度，在学习上得过且过，从而使自身的学习自我监控水平始终处于一种较低的状态；很显然，在国博课程里，同学们在好奇心的驱使下，以问题为导向，具有强烈的内部学习动机，学生更乐于积极主动地去学习，从而促进了学生自身学习自我监控能力的形成与发展。

3. 创设学习氛围

如果在教学活动中，学生还始终处于一种被动的状态，学习目标、学习过程、学习方法都由教师来包办代替，学习效果也由教师来评价，学生始终处于一种他控状态，学生根本没有机会进行自我监控，那么学生学习自我监控能力的培养也就无从谈起。在国博课程里，学生们面对丰富的展品，为了完成学习任务，则必须进行小组合作，认真听取讲解员讲解、完成学习单、进行学习成果汇报或者动手操作。可以说，这一系列教学环节的设置使学生自己规划学习进程、选择合适的学习方法、评价学习效果，从而有效促进学生学习自我监控能力的发展。

例如，在《复兴之路》陈列展中，就有开国大典的模拟现场，这里的展柜中有国旗国歌，开发的展厅中有开国大典模拟场景，还有循环播放的国歌、礼炮声……这样的环境，孩子们一走到这里，庄严、肃穆的情感油然而生，自然就会站直身体，认真观看，仔细倾听，这不要任何提示，孩子们在这种特殊的环境中就会自觉地进行自我监控。

（三）表达能力的培养

表达能力是学生在学习中，基于具体的问题情境，调动已有的经验，经过识别理解、转译构造、组织表达，按照自我思考的方法、方式呈现出解决问题的过程，表明观点结论的能力。根据概念界定，我们发现表达能力实为一种学生综合素养的体现，学生的观察能力、思维能力、操作能力、问题解决能力都能通过不同的表达方式集中展现。

在国博课程中，我们基本形成了以展厅学习、教师讲解、体验区操作三个环节相结合的教学模式。其中体验区操作环节是培养学生表达能力的重要途径。表达形式可以有多种形式和载体，不仅仅局限于文字和语言表达，其中动手操作、绘画设计等也可视为一种表达能力的展现。

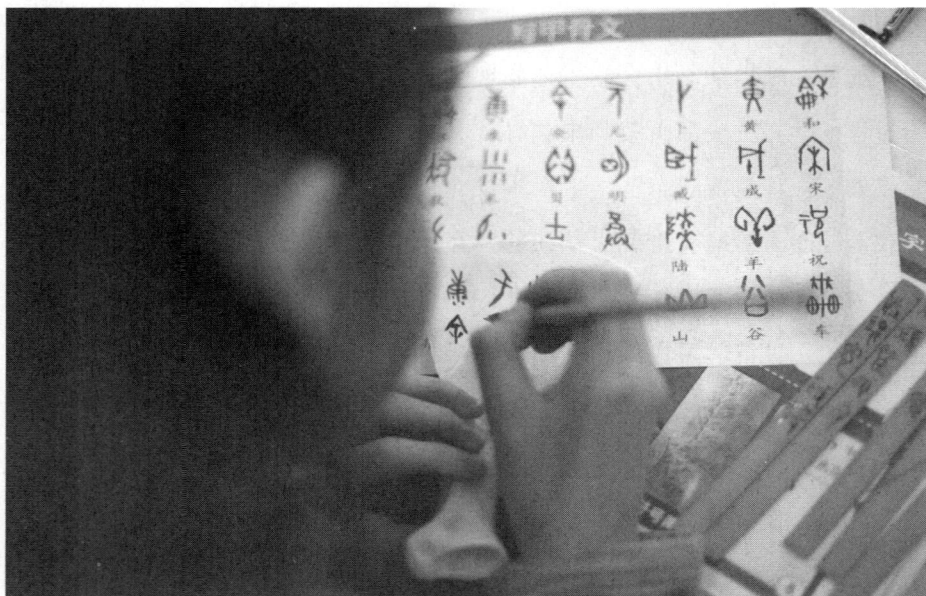

在国博课上体验甲骨文撰写的乐趣

案例1

在《图案化的文字》一课中通过设计图案化文字体验活动，让学生学习并掌握装饰性汉字的适合纹样的设计方法，认识到将汉字符号演变为装饰图案的过程是一次具有挑战性的艺术性创作活动，体会古人富有创造性的生活情趣和对美的追求，用作品表达对汉字艺术的认同感和学习热情。

案例 2

在《国礼》一课中，同学们在参观完中外外交礼品展之后，充分认识到国礼是国际友谊的重要载体，并且是一国历史或文化符号的集中展现。在体验操作环节，我们引导学生进行"史家小学外交礼品"设计，表达其对中外友好交往的美好愿望。

案例 3

在《汉字》一课中，同学们学习汉字的起源与发展，感受了文字背后蕴含的道理。在体验环节，通过刻骨文、铸金文、写竹简，感受不同书写方式的规则和方法，表达其对中国传统文化的理解和认同。尤其是在骨头刻字的环节，同学们纷纷对先人表示赞叹：用今天的工具刻起来还如此费力，古人充满了无限智慧。

二、国博课程开发与教师专业发展

在国博课程的开发过程中，不仅学生的基本学习能力得以培养，同样作为学习者的教师也得到了专业发展。

（一）博物馆课程开发是一个专业成长的过程

1. 博物馆资源开发有利于教师对教学内容、课程标准的理解与把握

到资源单位上课学习，现在已经成为一种趋势，利用社会教育资源补充我们的课程教学，无疑是一种非常有效的授课方式，同时也是当前教育改革的发展趋势。但是对于老师来说，我们面临着一个巨大的挑战，这就是对于社会场馆资源的选择。面对这么多的场馆资源，我们应该如何选择，选定了某一个场馆之后，会发现其中有很多展品，我们又如何选择呢？我们选择的依据和标准又是什么呢？其实，到博物馆等社会资源上课的本意

或者是初衷是什么呢？那就是为我们的课堂教学服务，为了提高我们的课堂实效性，因此，不管是场馆的选择还是展陈的选择都应该紧扣教学内容，以课程标准为依托。因此，这就要求我们的老师要反复熟读教材，要熟悉课标的基本要求，只有这样，我们所选择的社会教育资源才能为我们的教学所服务，否则就是画蛇添足。

在充分研读了教学内容和课程标准后，史家小学选择国家博物馆作为"品德与社会/生活"课程有效补充的社会教育资源单位。那么，国博到底有哪些与课程内容相关的资源呢？我梳理了如下表格。

国博博物馆陈列展与小学"品德与生活/社会"学科教学对接的内容

教材内容	展厅名称	文物（展陈）
远古先人的足迹（四下）	古代中国	北京人使用的石器、头骨等
统一的多民族国家（五上）	古代中国	秦统一文字、度量衡、货币的展陈
祖国的钢铁长城（五上）	复兴之路	南昌起义情景展区
哺育我们的母亲河——孕育中华文明（五上）	古代中国	姜寨原始人居住遗址模型、骨耜、陶猪、彩陶盆、各种陶器等
青铜铸造一枝独秀（五上）	古代中国青铜展厅	远古—秦汉时期的各种青铜器；后母戊鼎等
手工艺异彩纷呈（五上）	古代中国	陶器、漆器、原始青瓷等
独特的中国汉字（五上）	古代中国	甲骨文、隶书、行草等书法作品
神奇的中医（五上）	古代中国	中医针灸铜人
中华民族大家庭（五上）	古代中国	不同地区的陶俑（隋唐夏金元）
远古农业的发现（五下）	古代中国	碳化稻谷、粟
农业工具的演变（五下）	古代中国	石器、骨耜、石铲、石刀、铁器、青铜农具、农业发展画像砖
感受工业生产过程（五下）	瓷器展厅	原始青瓷——青花粉彩斗彩五彩等
气势磅礴的兵马俑（五下）	古代中国	兵马俑
四大发明的贡献（五下）	古代中国	甲骨文、竹木简、各种不同的纸张、印章、雕版；火铳、指南工具等

教材内容	展厅名称	文物（展陈）
古老的丝绸之路（五下）	古代中国	往来商旅的陶俑、玄奘图、相关书籍
鸦片敲开国门（五下）	复兴之路	鸦片战争展厅
万园之园遭劫难（五下）	复兴之路 古代中国	兔首 海燕纹瓷罐
甲午战败国力衰（五下）	复兴之路	甲午战争介绍图片等
变法维新求强国（五下）	复兴之路	康有为、梁启超画像及时局介绍等
辛亥革命（五下）	复兴之路	武昌起义介绍展陈及图片，孙中山像
五四运动（五下）	复兴之路	五四运动的展区
开天辟地的大事（五下）	复兴之路	共产党建党及发展历史；红军长征情景雕塑群、草鞋等
……		

当我们找到了教学内容与场馆之间的关系，找到了展品与课标之间的关系后，我们再来重新确定教学目标、设计教学活动，那么这样的课堂一定是与常规的教室授课不同的。在这样的课上，学生借助一件件珍贵的文物，能够真实地看到古人伟大的创造力，能够深深地体会祖先的聪明才智，从而自发地表达出："我们的祖先真了不起"这样的感叹，可以说，教学目标、课程目标都会轻松达成。而在这个过程中，教师对教材的理解更加全面，对课标的理解则更加地深入。

那么，在这里为您提供的可以借鉴的选择方法就是：依据教材选场馆，依据课标选文物（展品）。

2. 博物馆资源的开发与利用有利于教师提升专业知识的广度和深度

选定展厅与文物后，就要设计教学活动，在这个过程中，我们如何让这样的课堂更有实效、更有意义？用什么样的内容和方法，来吸引学生在展厅中认真听讲？博物馆的教学吸引力要超过庞杂事物对学生的干扰，这要怎么做呢？与讲解员沟通，确定讲授的具体内容，双方在这样的学习中分别承担什么样的角色？怎样配合，如何引导，采用什么样的启发方式？……这都是老师们在课前要一起思考和设计的。为此，学校老师会与博物馆工作人员进行深入的交流。而在交流中，我们不难发现，学校老师往往关注的是一个点，而博物馆的工作人员所关注往往是一条线。这样一来，双方就会互受启发，即博物馆工作人员知道了每一件展品要为学生讲到什么样的层次，应该关注什么重点问题，而学校老师则会在这个过程中，对所教授的内容有更加全面和深入的认识。

例如：五年级的《古老的汉字》一课，教材中仅仅为我们介绍了汉字的基本发展历程，如甲骨文、篆书、隶书、楷书、行书、草书等，而在国家博物馆的古代中国展厅中，我们发现，中国的文字的起源与发展是有着非常漫长的过程的，不是一蹴而就的。甲骨文固然是中国最早的文字，但是，它又是从何而来的呢？在国博工作人员的带领下，老师们开始了古老文字的起源探寻，最终丰富了课程内容，形成《文字的起源与统一》，它成为品德与社会误《古老的汉字》的第一课时，为后面的学习奠定了基础。

在《文字的起源与统一》一课中，教师为学生介绍了文字的诞生及统一的过程：

早期的形象绘画——抽象画——刻画符号——甲骨文——金文——小篆

随后，我们再根据教材的内容，借助国博古代中国展厅中不同时期的其他文物为学生介绍汉字的发展历程：

隶书——草书——楷书——行书——规范字

从远古到现在，中国文字历经几千年，不曾消失，不曾被历史所淘汰，这足以说明中国古人的伟大，也足以证明中国确实是当之无愧的文明古国。

这样精心准备的一节课，学生们喜欢，老师也获益匪浅。我相信，对于中国文字的有关知识，在经过这样的一次课程之后，老师对这方面的知识掌握一定是深入的、全面的。

3. 博物馆资源的利用与实施有利于提升教师课程开发的能力

国博课程开发使得老师们的课程领导力不断提升。课程开发是一个较为系统的工程，需要老师确定课程目标、整合课程资源、选择课程内容、进行课程实施、实施课程评估。老师们在与国博老师进行充分研讨的基础上，结合我校学生学习需求、学习发展水平制定了课程的三维教学目标；依据课程目标，老师们精心挑选合适的文物展品，筛选大量的文物资料，从而转化为适合学生认知水平的课程内容；随后老师们进入国博进行课程实施，根据课程实施情况对原有课程进行评估，不断调试课程内容和目标，最终，促使一门以小学品德与社会学科内容为核心的校本课程出现了。在国博课程的设计和实施的过程中，起点是以国家级课程为核心的教学补充或拓展，但是当一系列的教学设计形成后，则成为一种体系，教师则开始在此基础上进行整体设计，并在"漫步国博——史家课程"的教师用书和学生用书中进行呈现，最终实现了场馆资源课程化开发的工作。比如，老师们根据课程内容的需要先后设计了多个主题的学习单：《俑》《汉字》《国礼》《祖先的生活》《丝路遗珍》等。

国博课程的开发对教师日常教学水平的提高有着巨大影响。在课程开发的过程中，教师能够站在整个课程结构的高度，对各级课程有更加全面和整体的认识，从而使得对教材的把握、教学目标的设定、教学活动的安排更加合乎学生成长的需要。可以说，老师们完成了从"点"到"面"的教学观念转变。

4. 博物馆课程的开发与实施有利于促进教师积极地进行反思与探索

在博物馆课程的开发和实施的过程中，教师在每一次课后都会针对课

在博物馆参观学习收集课程资料

程进行反思，发现其中的问题与不足，从而找到问题的症结，来重新调整我们的课程。另外，自从史家小学在国博开课以后，很多同行都来听课，有外省市、外区县的，有不同学科的，也有同学科教师，为了能有所收获，我们特意设计了听课反馈表，以从更多的视角来审视我们的博物馆课程。之后，我们根据听课老师们提出的意见或是问题，来反思我们的教学设计，来重新修改我们的课程。这本身就是一种教学的探讨与相互启发。这样做，让我们的反思更加客观，更加有深度，让我们能够全面地来修订我们的课堂。

5. 博物馆课程的开发与实施有利于促进教师科研能力的提升，实现向专家型教师的迈进

随着，博物馆课程的推进和实施，我们不仅在教学上取得了一定的成绩，不仅仅让品德与社会课成为学生们爱上的课程，更重要的是，我们在这个过程中，也发现了一些问题，针对这些问题，我们开展了更加深入的思考和课题研究。比如，在博物馆课程实施的过程中，我们如何对学生进

行更加积极有效的评价？针对不同类别的课程我们应该选用怎样的教学模式？现在课程的实施在 5~6 年级，那么这样的博物馆课程如何在 1~4 年级进行呢？……这些都是我们有待解决的问题。同时，对于这些问题，我们已经尝试开展了一些研究与探讨，开始着手准备梳理相关信息，准备进行相关的课题申请。在这样的一个过程中，老师们发现的教学中的真问题，想要探寻的也是解决教学实际的实用方法，当我们在博物馆课程实施的推动下，进行这样的教育研究与改革尝试的时候，老师们就已经在向着专家型教师的发展方向迈进了。

（二）博物馆课程开发是一个职业自觉的过程

博物馆课程的开发，源自于学校对新课程理念的准确把握，源自于老师们对课程资源的准确把握，源自于老师们强烈的职业自觉。

2012 年开始，我们尝试着与国博老师一同备课，一同挑选有利于提高课堂实效性的文物作为教学内容，一同研读品德与社会学科的课程标准，一同制订合理恰当的具有可操作性的教学方案，确定合适的教学切入点。

随着博物馆课程的深入推进与实施，无论是博物馆的工作人员、学校的授课教师，还是学习的主体——学生，都迫切地需要一个内容合理、体系完善的教材读本。在大量的前期准备和研究的基础上，双方决定优势互补，联手开发以国博展陈为主要内容的适合小学生自主学习的综合性课程，即"漫步国博——史家课程"。为确保国博课程开发的质量，我们多次召开工作推进会与国博的老师共同研究、考察、修订，有些老师甚至不惜牺牲宝贵的休息时间进行课程的研发。在老师们强烈的职业自觉的驱动下，国博课程的各个部分日臻成熟和完善。现在这套《漫步国博——史家课程》教材已经全部编写完成，并由人民美术出版社正式出版。现在，史家小学以及史家教育集团的所有学生都拿到了这套教材，他们将全部走入国博进行不一样的博物馆学习。

第五节　如何利用博物馆资源做好教学设计

利用国家博物馆资源开发的教材正式出版，为学生打造了无边界的课程。为了能让学生在博物馆中的学习是真实有效的，学校的老师们又做了大量的实践与研究，来共同探讨如何更好地利用博物馆里的文物，进行最有效的教学设计。下面就以一节利用国博资源进行教学设计的真实案例为例进行具体的分析。

教学案例 3 《水波荡漾的彩陶罐》利用博物馆资源进行教学设计

一、《水波荡漾的彩陶罐》教学设计简介

（一）教学内容简介

本课的教学内容，是以国家博物馆古代中国展厅中的涡纹四系彩陶缸为主要内容展于的一次以体验探究为主的微课。命名为"水波荡漾的彩陶罐"。该课以仰韶时期的文物涡纹彩陶罐为突破点展开教学，重点介绍的是远古先人观察自然界中水波纹的变化并将其进行记录，之后经过加工和创造，从而绘制出了最原始的彩陶纹饰，体现了古人观察生活，发现美、记录美、创造美的过程，从而创造出了原始艺术。

（二）教学设计说明

1. **教学目标**

通过对涡纹四系彩陶罐的纹饰进行分析，帮助学生了解祖先与自然的关系，体会古人观察生活，发现美、记录美、创造美的过程，知道原始艺术的出现。感悟祖先惊人的创造力，激发敬佩之情以及民族认同感。

2. 教学重点

通过观察体验活动，了解远古艺术的起源。

3. 教学难点

认识远古艺术的起源，提升民族认同感。

4. 教学过程

➲ 环节一　导入新课

"同学们，在国家博物馆中有很多精美的文物，它们是祖国历史的见证，更是祖先智慧的结晶，今天老师就带大家认识一件彩陶制品。"

出示涡纹四系彩陶罐图并提问：

"这件彩陶罐距今有5000多年了，它哪里最吸引你？"（导引出纹饰。）

"请你仔细观察，看看这个纹饰像什么？如果让你给它取个名字，你会怎样取名？"（学生发言并阐述理由。）

教师揭示答案：涡纹四系彩陶罐。

提问："这里的'涡'指的是什么？"

"那么，这美丽的纹饰到底跟水有着怎样的关系呢？让我们一起在活动中找找答案吧！"

设计意图：引出涡纹四系彩陶罐上的纹饰为涡纹，这可能与什么有关的新问题，为后面的学习做好铺垫，同时激发学生的学习兴趣。

➲ 环节二　体验感悟

"同学们，水在你的眼中是什么样的呢？你能用最简单的线条或者是图案描绘一下水吗？"（学生自由绘画，预设线条为波浪线。）

"大家都用到了波浪线来表示水，看来用波浪线表示水是大家的一种共识。那么，请大家看看下面这个景象，你又准备用什么图案来描绘水的样子呢？"

实验展示：往水缸中投放小水滴，观察水纹的变化。

提问："你看到什么的变化，水波纹是什么形状的？你能用最简单的图案画下来吗？"（学生自由绘画，预设符号为同心圆。）

"同学们，你们刚才用两种不同的几何图形描绘了水的样子，那么如果让你将这两种几何图形进行一种组合，让它们变成一个连续的美丽图案，你又会怎样设计呢？你能试试吗？注意：一定要让自己的每一个图案连起来。"（学生自由创作并进行展示。）

学生自由创作的水纹与涡纹

设计意图：充分利用学生已有的认知和对水的认识来进行绘画，通过绘画的活动让学生充分体会，艺术源于生活，来源于自然，感悟人与自然的关系，自然与艺术的内在联系。

⊃ 环节三　对比探究

出示涡纹彩陶罐上的图案，并将其与学生绘画的图案进行对比。

"说说你们有什么发现？"

小结："我们画出的图案与五千多年以前人们的绘画作品非常相似，这说明了什么？"

提示学生思考：你们是如何绘出这样的图案的？

帮助学生小结：观察水的变化，用几何图形进行记录，再进行艺术的加工和创造，最终绘出了这样的水波纹的图案。

设计意图：通过对比分析引导学生自主发现祖先惊人的创造力，激发敬佩之情，以及民族认同感。

◆ 环节四　总结延伸

"同学们，像这样的会有漩涡纹饰的彩陶制品还有很多！大家看！"

出示：一组水涡纹彩陶文物图片。

"从这组图中，我们不难看出，我们的祖先对水充分地观察并进行创作，才形成了如此美丽的图案。而这也证明了我们祖先正在走向文明。其实，我们的祖先不仅仅观察水，他们还观察自然界中的很多事物并对其进行艺术性的加工，从而创造了许多精美的彩陶制品。"

设计意图：通过更多的彩陶纹饰进一步激发学生的学习热情，引导学生将学习活动从课堂拓展到课外，从一件文物拓展到多件文物，教给学生利用博物馆资源进行学习的一种方法。

二、《水波荡漾的彩陶罐》教学设计分析

这一节仅有 8 分钟的微课，在这节课上学生们学习得轻松愉快，并且能够将学习的兴趣保持始终，就是因为这样的教学设计贴近学生的生活，拉近了学生与文物之间的遥远距离，引导着学生不仅仅是行为参与到教学活动中，就连思维也参与到学习活动中。所以这样的课应该说是"短小精悍"。那么这节课的成功的关键性做法是什么呢？下面就对这节课的教学设计进行具体的分析。

（一）明确教学目标，切记以标定教

本课的教学目标为通过对涡纹四系彩陶罐的纹饰进行分析，帮助学生了解祖先与自然的关系，体会古人观察生活，发现美、记录美、创造美的过程，知道原始艺术的出现。感悟祖先惊人的创造力，激发敬佩之情，以及民族认同感。根据这个教学目标，教师设计了教学活动，每一个小活动都能与教学目标相对应。

目标内容1

了解祖先与自然的关系，体会古人观察生活，发现美、记录美……为了能够达到这个教学目标教师先后设计了三个活动：（1）"涡"指的是什么？（2）用符号画水流动的样子；（3）用图形画水滴落的样子。通过这三个活动，学生能够充分利用自己已有的知识和经验进行绘画，并能够深深地体会到人与自然的关系，能够感悟到祖先在观察生活、发现美和记录美。

目标内容2

感悟祖先创造美的过程，知道原始艺术的出现。对应教学设计：如果让你将这两种几何图形进行一种组合，让它们变成一个连续的美丽图案，你又会怎样设计呢？你能试试吗？在这个过程中，学生充分发挥自己的创造力，进行创造，从而绘出了属于自己的水涡纹饰，而且他们发现这种观察记录、创造绘制的图案非常的美丽，通过亲身的经历感悟了祖先创造美的过程。

目标内容3

感悟祖先惊人的创造力，激发敬佩之情，以及民族认同感。对应的教学设计：对比思考，发现感悟；展示不同纹饰的彩陶。通过这两个环节，引导学生发现我们根据观察、记录、创造绘制出的纹饰与祖先绘制的纹饰非常的相似，进而感悟到祖先已经具有惊人的创造力，已经具有了审美意识、原始艺术已经出现了，同时也说明祖先正在向着文明迈进。在这个基础上再来让学生谈谈感悟，那么敬佩之情以及民族的认同感自然而然地就会扎根在学生的心中。

这样的教学设计切实做到了教学环节设计与教学目标相互呼应，相辅相成，教学效果不言而喻。

（二）贴近学生生活，利用已有经验

涡纹四系彩陶罐是距今 5000 多年的马家窑文化中典型的代表器物，但是这件文物对于学生来说却是非常遥远的。无论是时间上，还是空间上，对于小学五年级的学生来说都是有距离感的。但是教师在课上充分利用了学生原有的认知——水，并且加以利用。先让学生用线条表示流动的水，再让学生用符号表示滴落在水中的水。一下子就轻松获得了两种与水有关的符号，之后再让学生进行创作，教学难点迎刃而解。这样的活动带给学生的不仅仅是看到的现实，更是一种心灵的震撼，孩子们通过画水纹的活动，深深感悟到自然与艺术之间的内在联系，清晰地认识到人与自然的关系，从而也触动了孩子们的心灵，感受到了祖先的伟大，激发了民族自豪感，落实了教学目标。

（三）精心设计问题，优化课堂实效

在教学中教师的语言要准确，要做到精心设问、及时追问、心有预设、抓准生成。例如在本课中教师这样设问：见过水流的样子吗？如果让你用一种线条来表示水流动的样子，你会选择哪种线条呢？对于这个问题，学生的答案基本符合教师的预设，这为在后面的绘画活动奠定了基础。随后学生们画出各种不同的水流曲线图。

学生们画的水流曲线图

但是如果我们的问题表述不准确又会怎样呢？例如：见过水吗？如果让你用一种符号来画画水的样子，你会怎么画呢？在这个问题后，学生画下来的图案各种各样，多是以水滴和浪花为主要的图案。前后两个提问方式，仅仅差了几个字，但是却能产生不同的结果。恰当的问题可以使其成为课程中重要的一环，为后续的学习奠定基础，而不恰当的提问，则会让我们的课堂变得"棘手"或是难以把控。

（四）找准教学"切点"，教学主"线"清晰

准确的教学切点，是整节课能否高效完成的基础；清晰的主线，可以让我们的教学重点突出，提高课堂教学的实效性。在这节课中，"切点"是：利用学生已知经验，帮助学生获取新知；"主线"是：为目标服务活动设计，让它们环环相扣，相辅相成，层层递进。分为明线和暗线两部分，明线：利用原有认知———画线和符号———创作纹饰；暗线：观察自然———记录自然———艺术创作。

（五）课后有意反思，完善再次设计

课后反思是提升教学水平与课堂实效的有力保障，也是教师自身提升的一个过程，对于教师来说，如果会反思，善于反思，其个人的教学水平会迅速提升。那么，在这节课中教师先后做了几次试讲，不断地反思、修正，最终顺利地完成了本课。重点反思的内容是：首先，反思失败原因，修改调整，如画出水的样子———用一种线条表示水流动的样子；其次，对课程设计整体结构的合理性进行反思，并且按照以下步骤来进行梳理。

（1）用最简练的语言概括出目标或找出关键词；

（2）梳理教学设计明确每一个环节的目的；

（3）与关键词对比，符合的保留，不符合的删除；

（4）重新调整并完善教学设计。

综上所述，利用博物馆资源进行有效教学设计，首先应有明确的教学目标，且目标不宜过大过多；其次要选准文物找准"切点"，在教学目标的指导下设计主线清晰的教学流程。在教学设计的过程中，要注重充分挖掘学习内容与学生生活或原有认知的关系，能够做到以点带面，激发兴趣，引发思考，树立民族自豪感和爱国之情，落实教学目标，高效完成教学任务。如此，就可以让博物馆教育成为学生学习、成长、提升素质的一个新途径。

第四章

国家博物馆精品课程分析与综述

第一节　国家博物馆课程是在学科教学中最好的落实和践行社会主义核心价值观教育的有效途径

2006 年 10 月，党的十六届六中全会第一次明确提出了"建设社会主义核心价值体系"的重大命题和战略任务，明确提出了社会主义核心价值体系的内容，并指出社会主义核心价值观是社会主义核心价值体系的内核。2013 年 12 月，中共中央办公厅印发《关于培育和践行社会主义核心价值观的意见》，明确提出，以"三个倡导"为基本内容的社会主义核心价值观，与中国特色社会主义发展要求相契合，与中华优秀传统文化和人类文明优秀成果相承接。并且将社会主义核心价值观提炼为"富强、民主、文明、和谐，自由、平等、公正、法治，爱国、敬业、诚信、友善"24 个字、三个层面的核心内容。

在学校教育，特别是小学阶段的品德与社会学科教育中，如何将社会主义核心价值观教育加以落实，怎样将其在课堂教学中有目的地进行渗透并引导学生落实在行动中？首先，就要寻找一个介于学校教育、社会主义核心价值观教育之间的，可以起到桥梁作用的突破口。经过多方筛选与实践尝试，最终选定了利用博物馆教育资源开展具有特色的品德与社会课程，以有效地将社会主义核心价值观教育落实。

一、社会主义核心价值观教育和小学品德与社会课程、博物馆教育三者之间的关系

（一）关于博物馆课程资源的利用

"如果说典藏品是博物馆的心脏，教育则是博物馆的灵魂"，这是 1984 年美国博物馆界名著《新世纪的博物馆》对博物馆教育功能的经典描述。随着国力的增强，人们对精神文化需求的增长，中国的博物馆建设在数量上、质量上都将有巨大飞跃。但多年以来，受各种因素的制约和影响，博物馆作为一种有效教育资源的功能一直未能得到充分的关注，博物馆中的传统遗产与学校和教育分离的现象十分普遍。有调查显示，目前我国近 4300 家博物馆、5400 多个校外活动场所的闲置率相当高，这从一个侧面说明学校教育对博物馆资源的利用不足。

国内对于博物馆课程资源利用的相关研究，也主要集中在宏观视角下对博物馆教育功能的探讨以博物馆作为学校课程资源的论述，对于博物馆课程资源利用的微观层面研究相对较少，针对于某一个学科来进行博物馆资源的课程开发和利用的研究更是少之又少。现在，随着教育改革的要求，带领学生走进博物馆开展学习已经引起人们的关注，但是其形式依然是停留在参观的层面，学校教师或博物馆教师有意识地引导学生在博物馆中进行有价值的学习还比较欠缺。

国外对于博物馆作为课程资源的开发利用，主要集中在对教师带领学生进入博物馆现场的实地参观，因此，对于博物馆课程资源利用的研究主要集中在以下两个方面：

1. 利用博物馆实地参观作为有效的教学手段

利用实地参观可以培养孩子们学习的兴趣，并将这种兴趣转移到课堂之中。大量研究表明，到非正式学习环境的参观对于学生学习的认知和情感领域都有益。在教育过程中，学生能够在更加广阔的空间中积极主动地去认识和探究学习内容，学习方式更加灵活生动。

2. 博物馆实地参观中的教师角色定位

教师在实地参观的学习过程中是一个关键的角色。这可能会导致积极或者消极的相关结果。一项对于小学生和他们博物馆参观的调查显示，教师是一个重要的影响参观记忆的深刻和生动性的角色。

无论国内还是国外，尽管在理论上都强调博物馆教学要与课堂内容契合，要将参观的内容整合进参观后的课程结构中去，但是由于来自学生安全、教学任务、时间等方面的压力，以及教师无法与博物馆进行更好的关于教学资源的沟通，教师在实践中落实得并不好。这些阻力都是需要博物馆与教师共同面对和解决的，加大双方的沟通和互助，能够更好地促进博物馆教学。

（二）价值观教育与博物馆资源利用

许多研究都将博物馆作为价值观教育的重要场所。有学者认为博物馆进行价值观教育的优势在于以大量实物作为价值载体。博物馆可以运用文物、标本、模型及辅助性艺术作品等实物资料，通过组织陈列展览、专题讲座、互动体验等方式，传播历史知识，增加对民族传统文化的认同，深化对优秀传统道德在中华民族形成与发展中独特作用的认知。这种以实物例证向观众表达深刻内涵和传送信息的方式，生动直观，参与互动，会使青少年观众更加易于理解和接受，是课堂教学不可或缺的重要补充。

有学者认为博物馆进行价值观教育的优势在于其丰富的价值内涵。博物馆作为文化传承与创新的神圣殿堂，体现了人类精神文明的核心价值观——人类永远需要在记忆现场中发现和体验真、善、美。在"博物"背后蕴含的是不同人群、不同时代、不同文化的多元价值指向，而正是不同文化价值观之间的交流才构成了创新的基础。博物馆公共服务以公益化为基础，无论是人性化设计，还是个性化追求，本身就体现着多元价值观的。

道德行为源于价值观，可以说价值观教育是道德教育的基础。有学者结合道德教育的特点及博物馆教育的特点，分析了二者进行结合的可能性与合法性。此项研究可作为我们分析价值观教育与博物馆资源之间关系的理论借鉴。

道德教育从其空间性、时间性和人文性三个维度，将其自身发展方向指向博物馆：

（1）空间性：学校只是道德教育空间的一部分，学校以外的空间具备更丰富的道德教育资源，承担着更主要的道德教育责任。在社会空间中，博物馆占据着不可替代的重要位置。

（2）时间性：道德教育实质上存在于人的生命全过程，属于终身教育的范畴。学校教育属于阶段性教育，难以满足道德教育对时间性的内在要求，道德教育必然指向校外教育机构。

（3）人文性：道德教育是对人的教育，目的在于唤起人的良知，使人具有人性和高尚的情操。而博物馆是记载、再现与研究历史的机构，它的存在前提就是对于人类及生命的关注，博物馆教育可满足道德教育的人文性。

博物馆教育自身的经验、实物及非正式特性，为博物馆具备道德教育功能提供了合法性：

（1）经验：博物馆里的教育活动形式明显有别于学校，其特点是感性、直观和实践性。博物馆教育的经验结构，从其内在的特性到外在形式的特性，都为人的全面成长提供了强而有力的支持，也为博物馆具备道德教育功能提供了合法性。

（2）实物：博物馆教育是在以实物为核心的情境中进行的。这种情境具有真实性、直观性，在真实的物理三维空间中，实物自身的言说为公众营造了一个心理空间，影响着公众的情感、态度、价值观和判断力。

（3）非正式性：一方面，博物馆教育的发生在非正式情境中，这决定了其具有社会性，使得它成为人们日常生活经验中的一部分当道德教育以人们熟悉的日常生活经验形式，同时，在人们的社会交往活动中得以呈现时，能够更被教育对象所接受并产生深远影响。另一方面，博物馆教育的非正式情境，使得其具备自由性。自由权使得参观者在规避了外界压力的情况下，根据自身的兴趣和意愿，选择与自身能力相匹配的方式和途径，主动地获取和接受认知、情感、信念或技能的转变，从而满足自身生长的内在需要，维持了内在意识发展及精神世界构建的连续性。

通过对已有研究的检索与梳理，我们发现研究者能够意识到博物馆具有开展价值观教育的天然优势，但是在具体操作层面，如何依托博物馆资源系统设计价值观教育活动，转变原有教学模式的相关研究比较少见。

（三）价值观教育与学校课程开发

教育部发布的《关于培育和践行社会主义核心价值观进一步加强中小学德育工作的意见》中，提出了社会主义核心价值观教育的四个基本途径，即"课程育人""实践育人""文化育人""管理育人"。其中，"课程育人"被放置于育人途径的首要地位。因此，如何结合价值观进行课程化开发成为教育研究者和实践者关注的焦点。

在我国，有学者将核心价值观融入课程体系归结为六个基本途径：

（1）学生组织（学生会和社团活动，Student Union，简称 SU）；

（2）社区参与（Community Involvement，学校与社区及家长的互动，简称 CI）；

（3）公民教育（Citizenship Education，简称 CE，思想品德、思想政治、班会课及相关校本课程等）；

（4）社会科学（Social Studies，包括历史、地理等，简称 SS）；

（5）科学课（Science，简称 SC）；

（6）语言艺术（Language Arts，包括英语课和语文课，简称 LA）。

在美国，核心价值观教育的重要途径便是通过专门的以价值观为中心的课程和各个学科的课程进行的。美国的一些品格教育组织设计了专门的核心价值观教育课程。这些课程以向学生传授核心价值观为目标。这样的课程是多种多样的。例如，品格教育研究所为幼儿园到九年级的学生编制了"品格教育课程"。该课程提出的核心价值观有勇敢、诚实、守信、正义、宽容、荣誉、慷慨、友善、乐于助人、自由选择、机会平等。到20世纪90年代早期，"品格教育课程"已在美国430多个城市的45000多个课堂中使用。在实践中，"品格教育课程"采用"每月一美德/核心价值"或"每月一句话"等活动，例如，德尔塞罗（DelCerro）小学采用了"品格教育课程"，该校每个月在每个班级强调一句话，即一种核心价值观。另外，有代表性的核心价值观教育专门课程还有"关心的社群"计划、儿童发展项目、停想行思（STAR）计划等。美国的学校还利用已出版的以价值观为中心的教程进行价值观教育。

可见，美国学校价值观教育以颇具成效的显性课程和极富渗透的隐性课程为载体，形成了多元化的课程形态和一体化的价值观教育体系。相比较而言，我国价值观教育在课程研发方面所作出的探索和实践还不够深入。

国家博物馆资源、品德与社会课程、社会主义核心价值观教育三者之间其实是有着密切联系的，应该说国家博物馆资源是践行和培育社会主义核心价值观的载体，品德与社会课堂是践行和培育社会主义核心价值观的途径。

二、博物馆资源的筛选

1. 依据课程标准选博物馆

《品德与社会课程标准》明确指出：品德与社会课程是一门综合性课程，其课程内容有机融合品德和规则教育，爱国主义、集体主义和社会主义教育，历史与文化、国情教育，地理和环境教育，生命与安全教育，民族团结教育等。基于这样的学科特点，我们所要选择的博物馆首先应该具有丰富的展陈资源，同时这些展陈涉及的范围广泛，能够与我们的教材内容相贴合，能够更加有效地落实课程目标。在北京市的众多博物馆中，我们以课程标准为依托、以教材内容为参考，综合考虑最终聚焦到了国家博物馆。

2. 依据社会主义核心价值观的内容筛选博物馆

2012 年 11 月 29 日，国家主席习近平在国家博物馆观看"复兴之路"展览的时候提出："实现中华民族的伟大复兴，是中华民族近代以来最伟大的梦想！"即"中国梦"。应该说，国家博物馆是伟大中国梦的发起地。而要实现中国梦，除了离不开国防、科技、经济等方面的硬实力，更离不开民族的软实力。而这个软实力就是社会主义核心价值观。社会主义核心价值体系是中国梦不可缺少的价值内核，是实现中国梦的思想保证。基于这样的一种现实，我们再次将目光锁定在国家博物馆。

3. 其他影响因素

第一，博物馆要有固定社教人员，能够与学校教师组成教研组或者研究小组，共同进行课程的开发，教学活动的设计，教学方法的研究；

第二，博物馆距离学校的距离不宜过远，且要交通便利；

第三，博物馆内有固定的可供学生上课的区域，且能够相对安静，具有授课的基本条件等。

通过前期的调研，以及对课程的分析，综合多种因素，我们最终选择了国家博物馆为突破口，开始了"利用国家博物馆资源开展具有品德与社会学科特色的社会主义核心价值观教育"的研究与尝试。

三、利用国博资源开设具有学科特色的价值观教育的教学模式探索

（一）组建"跨领域"的教育协作体

新的教育理念在告诉我们，当前的教育要能够融合各种资源，开展综合性、实践性为主的课程。我们的教育观念要从"课本是教育的世界转变为世界才是真正的课本"。在新的教育理念影响下，学生到博物馆上课已经成为很多学校的选择。但是，尽管很多学校走进了博物馆进行学习，但是以参观代替学习的现象还比比皆是。以某一个学科为突破点在博物馆中进行有针对性的、系统的学习则更是少得可怜。于是，我们主动走进国家博物馆，与博物馆社教部的工作人员进行沟通。将品德与社会教材、课程标准呈现出来与他们一起研读，争取得到他们的认可，在合作理念上达成一致。经过多次讨论与交流，史家小学与国家博物馆社教部的工作人员在教育理念上终于达成一致，双方都认可博物馆教育是品德与社会学科教学实效性得以提升的最佳途径，是践行社会主义核心价值观的最好突破口。

　　为此，我们联手国家博物馆，充分利用国博的各种教育资源，进行积极有效的探索与实践，双方共同努力打造具有品德与社会学科特色的社会主义核心价值观教育的新型课程模式。

　　2013年9月，随着史家、国博共同开发课程的教育合作项目的开展，我们与国家博物馆社教部的老师们组建了"跨领域"的教育协作体。在这个团队中，既有擅长教学工作的学校老师，也有具备历史文化专长的博物馆专业人员。双方发挥自身优势，并进行优势互补一同开发适宜学生学习的有效课程。

　　（二）打造"双师进课堂"共同"体验与互动"的教学模式

　　1. 双师进课堂

　　在博物馆内的每一次授课，都是由史家老师和国博讲解员一同完成。在课前，双方老师一同备课，一起商讨活动设计、共同准备教学材料……最终实现"无缝连接"。这样的充分准备则打造了高效的特色课堂。在课程中老师和讲解员一同担任学生学习的引领者，一起带着学生走进历史的长河。在展厅中讲解员带着学生穿越古今，聚焦文物，启发思考；在体验教室中老师们则帮助学生探索发现，寻根溯源，解读疑惑。"双师进课堂"的授课方式逐步形成。

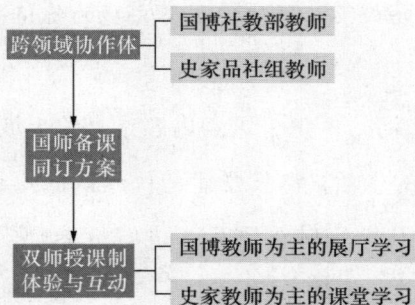

国博品社课授课模型

2. 体验与互动

博物馆里的学习不同于常规的课堂教学，博物馆课程在教学环境、教学空间、教学时间等方面有着得天独厚的优势。学生的学习可以打破时间、空间的限制，学生可以充分进行体验与参与，表达与对话，可以与同伴、与老师进行充分的互动交流。在展厅中，学生通过看文物、听讲解、想问题等"学习刺激"会产生极大的好奇心与强烈的求知欲，他们可以随时向老师、同伴、讲解员发问，对自己感兴趣的问题进行探讨。在体验教室中，学生可以与小伙伴一起进行动手实验、制作、绘画……对所学的相关内容进行充分的体验。经过一年的尝试，我们发现"体验与互动结合"的教学模式是学生们最喜欢的学习方式。

在这样的具有学科特色和博物馆特色的课堂中，学生们通过看、想、思考、表达、交流、动手体验等多种方式加深他们对个体与群体、民族与国家、历史与艺术的正确认识和理解，形成基本的道德观、人生观、世界观和价值观，初步掌握人类社会的发展脉络，具备一定的艺术鉴赏能力，并培养良好的人文情怀。

（三）借助国博资源进行品德与社会学科教学的模式使得社会主义核心价值观教育有效落实

1. 特殊的体验互动经历，促使爱国与文明的价值观念在学生心中得以落实

《哺育我们的母亲河》一课，重点内容是介绍半坡、河姆渡早前文明，通过让学生了解祖先的生活，激发学生的民族认同感和自豪感。在国家博物馆内，学生走进古代中国陈列展厅，讲解员老师借助展厅中的重要文物——骨耜、碳化稻谷、陶猪、布纹陶钵、小口尖底瓶以及姜寨遗址模型等，为学生再现了远古先民的生活场景。通过看文物、听讲解、填写学习

单，孩子们对远古先民的生活有了充分而全面的认识。特别是在介绍小口尖底瓶的时候，孩子们与讲解员老师一起猜测这件文物的用途，一起分析它到底有什么神奇之处，最后知道了这件文物中蕴含着令人惊讶的古老科技，深深地为祖先的聪明才智所打动，惊叹之词脱口而出！

在学生们有目的地进行倾听学习之后，老师们带着学生走进体验教室进行学习成果的交流分享。同时，设计了让学生动手做一做的体验活动。在用陶泥仿制半坡陶制品的时候，孩子们的作品并不成功，但是老师却适时引导孩子思考：我们没有制作成功说明了什么？一个小问题，引发了孩子的无限思考。

有的说："老师没有教我们怎么做呀！"

我笑着回答："有人去教古人如何做吗？"

有的说："我在外面学习过，可是还是做得不好，而他们做的东西那么精美，真是了不起！"

有的说："我做得不成功，可能是我的方法不对，他们做得这么好可能是已经掌握一些制作的方法或者技巧。"

我及时补充："是呀，这可是在距今五六千年呢，在这么久远以前，我们的祖先已经能够掌握如此精湛的制陶技术，说明了什么？"……

一次不成功的制作，却引发了孩子们无限的思考，更进一步让学生感悟到祖先那聪明的才智以及惊人的创造力。在这样的学习过程中，学生们由衷地感悟到一种民族的自豪感！并对祖国的历史文化产生认同感！

而此时的课堂成了孩子的天地，老师真正地从主导者变为引导者，学生成了课堂真正的主人。而这正是社会主义核心价值观之爱国、文明等内容得以在品德与社会课程中落实的最好例证。

2. 双师齐授课一同探寻国礼背后的故事，让爱国、和谐、友善等观念植根在学生心中

《成功外交牵手世界》一课，其内容包含了中国重返联合国、乒乓外交等内容，主要是通过这些重要的历史事件引导学生了解中国与世界的关系，知道中国的发展与壮大影响着国际地位，感悟中国与其他国家友好往来，互相尊重、和睦共处的重要意义。其中，在如何与各国国家既保持尊重与和睦共处的同时，又不失自己的尊严这一问题，往往是学生们容易出现混淆的地方。而且，外交关系对于小学生来说距离比较远，如何能够帮助学生拉近距离？我们再次选择了国家博物馆中的展览资源展开教学，并特意设计了《国礼背后的故事》一课，通过讲述国礼背后的故事，让学生们感受到中国在外交事务上取得了骄人的成绩，感受到中国在国际事务中的影响日益增强，体会到国家富强才是实现以上目标的基础与保证。

首先，学生在讲解员老师的带领下，走进国家博物馆中的国礼展厅进行参观学习，在学习的过程中，学生们以年代尺为记录线索，随着讲解老师的介绍，进行有重点的记录。通过自主参观，同伴协作探讨，完成中国外交发展历史大事件的年代尺。在这个过程中，学生通过国礼背后的故事，知道了在建国初期，作为外交部长的周恩来是如何机智地化解了一次又一次的"刁难事件"；知道了香港、澳门顺利回归祖国背后那艰辛的谈判历程，感悟到了国家富强，国土才能完整；知道了从 1979 年开始中美各自历经多位领导人的交流与协商走过的漫漫路程……充分的学习、感悟之后，老师与学生一起回到国博教室开始进行分享与交流。在这个过程中，孩子们充分地表达自己的感悟："国家强盛才能不受欺负！""国礼是中国的一张名片，我们应该也把最具有中国特色的东西设计成国礼送给外国人！""我很骄傲，新中国刚刚建立的时候，我们还那么的贫穷落后，可是今天我们

都能影响世界了，中国了不起！"……听着孩子们的话语，我们可以感受到爱国、和谐、友善等社会主义核心观念已经植根在学生心中。

3. 博物馆与课堂教育相结合，让法治、自由、民主的价值观难点轻松解决

《青铜铸造一枝独秀》一课以青铜器为突破口，引导学生感悟中国的历史悠久，通过对青铜器上的铭文、纹饰、铸造工艺等方面内容的简单介绍，感受中国古老的精湛铸造工艺，从而激发学生的自豪感。在课堂上，教师跟学生一起借助教材了解青铜器的基本知识，学生在具备了基础知识后，对青铜器有了新的认识，并产生了新问题。面对着学生们提出的一个又一个有意思的问题，我们将教学内容进行拓展和延伸，带着学生走进国家博物馆"青铜展厅"，并根据学生的需求为学生设计了"鼎盛中华"的教学活动。通过这个活动，学生不仅了解了中国的鼎文化，更是对周朝时期注重礼仪的社会状况有了深入的认识与了解。学生通过列鼎制度，了解到了周朝以礼治国的思想。而通过"王子午升鼎"背后的故事，又明白了国家法制如果被破坏，带来的则是亡国的危害等，从而初步感悟到了法治与民主自由是矛盾统一的。

在利用国家博物馆资源进行品德与社会课的教学过程中，不仅课程目标借助着一件件历史文物可以顺利得以落实，社会主义核心价值观的基本理念，也可以在解读文物背后故事的同时深深镌刻在学生的心中。也正是因为充分利用国家博物馆资源有利于开展具有品德与社会学科特色的社会主义核心价值观教育，所以我们带着学生多次走进国家博物馆进行学习，既转变了传统的教学模式，也提高了课堂教学的实效性。

四、总结及对今后工作的启迪与思考

1. 备课授课的过程就是教师践行社会主义核心价值观的过程

在博物馆中上品德与社会课程，使得老师们有机会与专家对话，有机会与专业人员一同进行探讨，这大大提高了教师的自身修养。传统文化教育首先在教师心中落地生根，教师首先对传统文化中蕴含的社会主义核心价值观有了全新的理解与认识，从而确保了课程的有效实施。在这个过程中，社会主义核心价值观的树立不仅仅是学生，就是教师自身也在备课、授课的过程中，践行了社会主义核心价值观。

2. 建立健全新的评价体系，促使社会主义核心价值观更好地在品德与社会课程中得以落实

利用博物馆资源开展具有学科特色的社会主义核心价值观教育的尝试，促进了课程的改革，形成了全新的教学模式，面对这样的教学过程，以及学生的成长与转变，我们应该如何进行评价？无论是对课程的评价，还是对于学生的评价，目前都缺少一个系统的、科学的评价体系，因此，这也将会是我们下一阶段研究的方向。

第二节　国家博物博课程成为中外学生
传播与交流文化的平台

中国国家博物馆是中华文化的祠堂和祖庙，是国家的文化客厅，是我国最高的历史文化的艺术殿堂，这里记载着中华民族五千年文明足迹，展

示着我们伟大祖国的历史文化艺术和社会发展的光辉成就，是中华儿女传承历史、开拓未来的精神家园，是广大公众特别是青少年学习历史和文化知识、接受爱国主义教育和接受审美教育与文明熏陶的终身课堂。

　　基于国家博物馆的这一自身优势，史家小学将国际化教育的目光聚焦到了国家博物馆。这里记载着中华民族五千年的文明足迹，所以这里是学生认识祖国、了解祖先所创造的文明的历史起点，这里是最能激发学生民族认同感和爱国之情的地方。同时，这里也是最适合向外国学生介绍祖国历史和灿烂文化的场所。外国学生在这里如果能够悉心学习与参观，那么就会对中华民族的文化产生认同和敬佩之情。为此，我们将史家小学国家化教育的课堂搬到国家博物馆中，带着中外学生一同徜徉在中华民族的文明之中，引领着学生通过参观、听课、体验、实践来激发对中华民族的崇敬之情。

　　下面就以《文字的起源与统一》一课为例进行详细的分析。

教学案例 4　《文字的起源与统一》教学活动，带中外学生领略中华文明

一、内容筛选，凸显中国特色

　　中国在五千年的历史长河中，留下了很多的瑰宝，它们都在无声地诉说着祖国的历史与祖先的聪明才智。在国家博物馆中拥有这样的记录祖国灿烂文明的历史文物多达120余万件。如此众多的珍贵文物，作为国家化教育的我们来说如何进行有效的挑选呢？根据多次的活动经验，我们梳理总结了内容筛选的一些原则。

　　首先，所选择的文物应该是最具中国代表性的。

　　其次，文物所承载的重要历史信息和内容能够在有限的时间内为学生

介绍清楚和完整。

再次，文物所承载的有关信息与内容比较统一，能让学生动手体验，以帮助学生更好的获得深刻感悟。

最后，最好能够在文物中找到一种跨越国界、民族、信仰的共同点，引导学生体会，比如在很多方面，原始时期的人类对自然有着极为相似的认知，从而引导学生建立一种国际认同与国际尊重的意识。

基于以上的思考，我们首先选择了最具有中国特色的文化符号——汉字作为学习的主题。中国文字是全世界最为与众不同的一种文字，它本身具有表意的作用，每一个汉字中都含有一个或者是几个特殊的含义，每一汉字的造字过程，我们今天甚至都可以找到，并且为后人解读清楚。因此，文字具有独特的中国特色。在几经思考与商讨之后，史家小学的老师们与国博的老师们一同开发了适合中外学生一同学习的国际课程《文字的起源与统一》。

二、教学设计，凸显教学主线

《文字的起源与统一》一课，将学生带到了远古时期，从最古老的刻画符号开始讲起。一说到中国文字，大家都知道中国最早的文字就是甲骨文，但是在甲骨文之前，古人用什么来进行记录？甲骨文是到了商朝的时候一下子就冒出来的吗？对于这样的问题很多人都忽视了，而我们的课程则是从甲骨文之前开始讲起，带着学生通过一件件的文物去寻找古人造字的历程。在展厅中，讲解老师带着学生分别看了稻纹陶钵、人面鱼纹盆、刻画套尊、刻辞牛骨、虢季子白盘、琅琊刻石6件文物。也带着学生走过了中国古人从形象描写—抽象绘画—刻画符号—有特殊含义的甲骨文—相对规范的金文—统一的文字小篆的发展演变过程。

在国博的120多万件文物中，6件文物的展现确实可以说很少，但是这

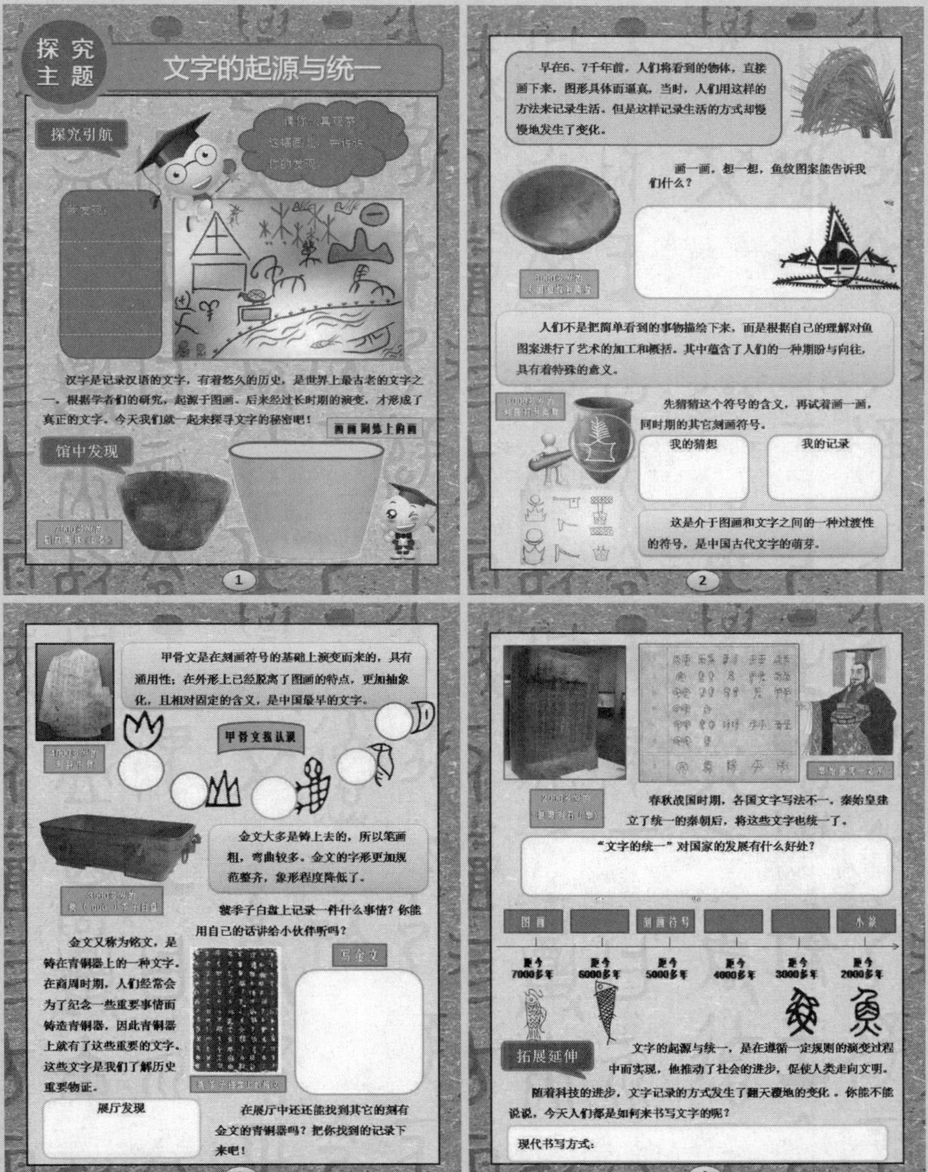

国际课程《文字的起源与统一》展示

6 件文物却是有着相同的主题内涵，为学生串接了一个重要的线索与脉络。在这个线索的引领下，学生们知道了中国文字来源于生活，来源于人们的需要，而且在观察和思考、参观与商讨的过程中，学生们也充分理解了为什么中国文字是表意文字。这样的学习主线清晰明确，虽然带着学生看到的文物并不多，但是学生却能从文物背后的信息中找到有价值的知识，这对学生来说收获是巨大的。随着线索越来越清晰，学生也深深体会到中国文字的出现也体现了一条看不见的社会发展线索，即认知与规则。

此外，对于中外学生一起学习的课堂，内容也不易过多，我们要在有限的时间中，让来到国博上课的每一位外国学生都能够感悟到中国文化的博大精深，感悟到中国古人的聪明才智，所以，经过我们精心挑选的 6 件文物的解读，对于外国孩子来说触动是非常大的，这远远比走马观花的看一看要有价值得多。

中外学生一起学习的课堂

三、体验实践，凸显传统文化

史家小学国博课程，不仅仅是带着学生在展厅中参观，更重要的在于参观后的体验与实践，这才是更加深入的触动学生心灵的重要部分。

展厅参观后，老师带着学生走进体验教室，开始不一样的体验与实践。在这里，中外小伙伴们以及我们的老师一起进行中国汉字的书写体验。首先，让学生在瓦片上尝试着写一个表达某种含义的符号，在这个活动中，我们会有惊人的发现：无论是中国孩子，还是外国孩子，他们的内心想法都可以通过符号表达出来，彼此间可以通过绘画符号进行简单的交流；而同时，我们也深深地感悟到，在对于自然的认识，以及利用图案来表达想法的事情，中国和外国的孩子们认知是高度一致的。这似乎也在告诉我们，其实，对于表意的符号来说，它本身是不受国界限制的，因为自然世界呈现在人们的眼中是相同的。

接着，带领学生摹写甲骨文，先是让学生尝试着在仿制牛骨上进行刻画，结果孩子们发现牛骨很硬根本刻不上去，这样的方法很费劲。此时，问学生：既然这么费劲、费时、费力、而且材料也不是很好得到，那么人们为什么还要这么做？这说明记录在牛骨上的事情是怎样的事情呢？学生们马上体会到，甲骨文记录的事情都是非常重要的事情，而且由于重要，

中外学生一起学习的课堂

所以应该是族群中重要的人物或者地位高贵的人才能做到。一个小小的体验活动激发学生们无限思考，引发了文物背后的故事，从而让学生知道了中国的重要历史知识。

这样的课，中国孩子喜欢，对他们来说这是为其积淀中华传统文化的重要课程。通过这样的课堂他们对自己的祖国文化更加认同，民族自豪感油然而生。相信有一天他们走出国门，也不会忘记祖国的历史。这样的课，外国孩子也喜欢，因为在这样的课上，他们可以系统地了解中国的历史文化，内容虽不算多，但是却记忆深刻，而且在这样的课堂上他们对于中国古人所创造的独特汉字充满向往和喜爱，甚至，在课上让外国学生进行自由练习的时候，他们写下了"我爱中国"！

四、反馈总结，凸显感悟激情

史家小学的国博课程，是带着中外学生一同走进记录中国五千年文明的课程，目标不在于孩子通过学习能认识多少件文物，能说出多少个文物的朝代，而是希望通过对文物的解读来了解认识祖国悠久的历史、灿烂的文化，是激发学生树立正确的人生观、价值观的课程，更加注重对学生的情感教育。对于中国学生是激发他们的民族自豪感，培养他们具有民族认同感；对于外国学生是力求通过一件件文物这样具有事实性的物证，来展现中华民族的辉煌历程，从而激发他们对中国的尊重与敬佩之情。所以，在课后，老师们会带着学生进行总结反馈，引导孩子畅谈自己的体会与收获。重点不在于外国孩子会写了几个中国字，而在于让他们能够重新认识中国，了解中国文化，为我们祖国与世界各国的友好发展奠定基础。对于中国孩子来说，我们要做的就是通过国博课程夯实学生的中国心，中国情，让他们走出国门的时候，不忘祖国，不忘历史，更加骄傲与自豪！

第三节　课程开发是一种最好的教师培训

博物馆课程的开发过程本身就是教师学习和提升的过程。在国博课程开发的过程中，老师们遇到了各种各样的困难。对文物不熟悉，知不道文物背后所承载的教育内涵，不知道这些文物与自己的学科教学有着怎样的联系，特别是面对许多跨学科的知识和技能时老师们茫然无措……面对着一个又一个的难题，唯有通过自己不断学习，不断向专家请教，才能把问题一一解决。除了教师自觉学习以外，我还有意识地开展了各种不同的培训活动，并且力求形式新颖、主题鲜明，能让教师与大师对话，能让教师像学生一样动手参与……

一、专家引领的专题讲座

博物馆课程的开发对教师提出较高的要求，它需要教师对博物馆中的展品有一定的认识与了解，需要能够在对文物认识、了解的基础上进行课程的设计与编写。可是对于小学教师来说，这无疑是一个全新的领域，老师们对博物馆的展陈不是很了解，对其背后的故事知道的也不多，而且呈现出了较为明显的学科差异。从事品德与社会学科的教师对文物的了解相对要多一些，而音乐、美术、科学、书法、劳技等学科的教师则与之有较大的距离，为此，我们为老师们聘请专家进行专题讲座，为老师们进行最基础的专业培训。

二、专业人士的展厅授课

博物馆课程的开发，其中有一项极为重要的工作就是要我们的老师能够从成千上万的展出文物中选出适合进行课程实施的文物，这就需要老师们了解展厅环境、知道文物位置、懂得文物中所蕴含的传统文化元素，以及文物所反映的时代背景等等。为此，我们为老师们请来专业人士带着老师们到展厅进行实地学习。在古代中国展厅，老师们了解了远古先人的社会生活情况；在青铜器展厅，老师们在讲解老师的引领下认识了青铜器；在丝绸之路专题展览期间，老师们与专家学者一同漫步古老的丝绸之路；在玉器展厅，老师们在专业人士的引领下探寻中国的玉文化……这样的展厅实地授课，让老师们对文物有了更加直观的认识与了解，也丰富了自己的知识储备，同时在一次又一次的熏陶下，老师开始爱上传统文化，爱上了博物馆。很多老师都表示，节假日期间自己也会走进博物馆参观与学习，开始更多地关注博物馆的展讯，开始喜欢翻阅有关的书籍……甚至我们的老师们也会与学生一起写一写展厅学习的"博·悟单"，来记录自己的学习收获。

三、专人结对的合作探索

为了能够让我们的校本课程在编写与实施的过程中更加顺畅、科学、严谨，学校为每一位参与其中的老师找到了国家博物馆对接的专门教师，帮助他们建立跨领域的合作研究小组，国博工作人员具有深厚的文化底蕴、扎实的历史文化知识，我们的教师具有丰富的一线教学经验，双方结合一起进行课程的开发与实施，实现真正的优势互补，既使得教师在研究中、

工作坊的老师们一起在国家博物馆参观学习

实践中有所提高，也使教师在潜移默化中受到影响与熏陶，同时还转变了老师们固有的学科观念，为多学科的融通、学校无边界的校本课程建构奠定了坚实的基础。

四、专题内容的实践体验

在博物馆课程实施过程中，我们努力将其授课模式转变为一种体验式、参与式的教学模式。力求在体验、参与的过程中真正激发学生对传统文化的认同感和自豪感。为此，我们的课都是活动性的体验课程，这同样对我们的老师提出了新的要求，要求我们的老师，不仅仅能讲课，还要能绘画、能设计服装、能吟诗、能做传统美食……要想让孩子动起来，老师首先要动起来，我们先后组织了中秋节做月饼的体验课、自己动手进行草木染布的体验课、学习盘发技法的课程……在这个过程中，教师自己不仅学到了很多新知识新技能，更在这个过程中收获了快乐与成功。同时，在实践操作的过程中，老师又发现了新问题，并且主动探寻解决方案……教师培训从任务驱动，转为个体需要。现在很多老师都会主动提出来想要参加各种主题的课程培训，教师的工作状态积极奋进。

第四节　国博课程开发实施过程中的点滴收获

一、教师成长

（一）在国博课程中"博·悟"——金少良

随着学校国博课程的开发，我多次参与了学校国博课的开发和实施工作。在这个博览众多藏品的过程中，作为教师，我也跟学生一块有所领悟、有所成长，对于课程、学习、课堂有了崭新的认识。

1. 关于课程的思考

每一节国博课其实都是一个课程开发的过程。在多次参与国博课的过程中，我对于课程开发逐渐有了较为深刻的理解。课程开发是一个较为系统的工程，需要老师确定课程目标、整合课程资源、选择课程内容、进行课程实施、实施课程评估。比如对于《小球转动大球——成功外交牵手世界》这一课，可以结合国家博物馆国礼展厅丰富的外交礼品进行课程开发。但是，如何在成百上千件中选择出最为合适的展品作为课堂教学资源，是课程开发过程中的一个难点。因此，依据课程目标，在师傅的带领下，和国博社教部展开合作，筛选大量的文物资料，从中选择最具代表性和历史

国家博物馆里的外交课——《小球转动大球》

价值的展品，并通过一定的教学设计使之转化为适合学生认知水平的课程内容。在课程实施过程中，我们根据课程实施情况对课程进行评估，不断调试课程内容和目标，从而完成本门课程的整体设计。可以说，在参与国博课程的过程中，使得我能够站在课程开发的高度来理解教学。

2. 关于学习

什么样的学习最有意义？这是我们经常思考的一个问题。在教学过程中，往往会有这样的一个假设在左右着我们，即总有一些知识是更有价值的，有必要传授给学生。于是，我们分步骤、分类别使用各种符号向学生讲述这个世界，如语言、艺术、科学、历史等等。学生逐渐被充满边界的各种符号包围，他们在通过符号认知世界的同时，符号也从认识世界的工具异化为教育的最终目的。比如，"中国有着辉煌的古老文明"就是一个符号知识。如果符号和学生的现实经验没有产生真正联系，就会造成学习的低效。在国博课程里，老师并没有直接传递这个符号，而是创设真实的学习情境，引导学生开展自主学习，从中感受中国古代人民的智慧。当后母戊鼎、四羊方尊、人面鱼纹彩陶盆等等一个个祖先劳动智慧的结晶展现在学生面前时，知识符号的学习在这里就变得更为真实了。

3. 关于课堂

多次参与国博课程不断拓展了我的视野，在日常教学的备课过程中开始习惯于从国博的展品中选择可以利用的教学资源。例如在《古老的丝绸之路》一课中，如何让同学感悟丝绸之路对我们如今生活造成深远的影响，是本课的一个重点和难点。为此，我在国博古代中国展厅选择了"三彩釉陶骆驼载乐俑"，作为这个教学重点和难点的突破口。在课前，我带学生到国博围绕这一展品进行重点学习，并让学生在课上通过文物讲解的形式进行知识分享，激发了同学的学习热情，从而达到教学目标。

（二）开发利用博物馆资源对教师的影响——刘静

从 2012 年起，我们品德与社会组就走进了国家博物馆，拉开了与国博专家、老师一同授课的序幕。从 2012 年至今，我们不仅在国博给学生上课，更是开展了丰富教师培训，专家讲解，国博、学校老师共同备课，倾听专家讲座等一系列教育活动。很幸运，我一直参与其中，在学习与培训中，收获了许多。

1. 走进博物馆学习　增长专业知识

古人云：读万卷书，行万里路。走进博物馆，犹如自己穿越到历史长河中，在和古人对话。走进博物馆，比起古代人的旅游，显得更加便捷，内容也更为深远和丰富。我们在博物馆里学习，不仅可以提高自身的观察能力，增长专业知识，也为自身的综合素养增加储备和营养。

比如在 2015 年的 5 月 18 日——国际博物馆日，我们就走进了国家博物馆，聆听了国家博物馆黄琛主任讲解的《古代中国》基本陈列。通过听专家讲解，我对远古时期的历史了解得更多更深了，这为以后上四年级《远古先人的足迹》一课奠定了坚实的基础。我的课堂已经从讲知识慢慢地转变为讲文化。

2. 研发博物馆课程　提升教师综合素养

教师是课程资源最直接的研究者，是课程资源开发的实施者。开发利用博物馆资源，恰恰为老师搭建了一个学习和研究的平台。

在国博课程研发的过程中，我们和博物馆的讲解员共同组建了专题小组。我们会根据教学主题和教学目标进行沟通、交流，确定文物、设计课程、再实施。课后还会再一次交流、探讨，发现存在的问题并进行修改。反复磨炼，不断修改与进取。这样的过程不仅可以走进博物馆进行学习，还可以知道更多的相关知识。在学习、研讨、交流与磨炼中，提升了我们的综合素养。

3. 带动老师和家人共同走进博物馆

在研发课程的过程中，不仅我们自己会多次走进博物馆，甚至是带动我们的家人一起走进博物馆，共同学习。常常是一家人观看着馆中的珍贵文物，不停地感叹中国古人的聪明和智慧。到了闭馆的时间，还依依不舍，嘴里念叨着以后有机会还要多来中国国家博物馆。

（三）国博课的授课反思与收获——张培华

从科学教研员路老师安排进行国博授课，到学校与国博合作共同开发国博课程，已经有两年左右的时间了。在这个过程中，我们付出了艰辛和汗水，也收获了更多的成长和希望。

1. 从课程的实施者到课程的开发者

国博课程的开发为我们提供了这样一个舞台，在这个广阔的舞台上，我和我的伙伴们放开了手脚，改变了身份，参与了课程从设计到实施的所

张培华老师在博物馆为学区的孩子们上博物馆天文课

有环节。在实践中学习，在实践中探索，不断完善着设计，不断推敲着实施过程。品味了成功与喜悦，并且也认识到只要转变观念，我们就可以成为课程的开发者。

2. 从"活到老用到老"到"活到老学到老"

教师，特别是小学教师，是一个重复性很强的工作，很容易形成定势。面对不同时代不同的学生，还在用同样的方法应对。这就是所谓的"活到老用到老"。而在今天，"终生学习"已经成为教师的必修课。老师们要不断学习、不断充电，不断丰富自己的头脑。国博课程的开发和实施恰恰激发了老师们的学习动机。在反复实践中，大家深刻感受到学习的重要性，真正做到了"活到老学到老"。

3. 从不认同到认同

到博物馆上课，是一种积极的探索，但是每次上课会有大量的时间浪费在路上，要购买适宜学生操作的材料，会需要更多的老师和讲解员投入其中……其高投入的问题是客观存在的。因此，最初我对这种授课形式非常不认同。如此高成本投入，换来的教学效果能比在学校好多少呢？值得吗？我一直怀疑。通过多次在国博授课，我的认识得到了转变。

首先，学生养成了到博物馆学习的习惯。一个国家的文明程度如何，看看人们到博物馆的次数就知道了。而在我们国家，很多人还缺乏这种学习的习惯。国博课则有效促进了学生养成到博物馆学习的习惯，这会让他们终生受益。

其次，打破了学校和课堂的时空界限。在实践中我们发现，只要让学生走出校门随便走一走，看一看，他们就会非常高兴。而国博课所传递给学生的文化、历史和社会氛围，是学校无论如何无法比拟的，学生的兴趣被充分调动起来，学习的动机也发生了转变。到国博来上课，其优势就在于这种隐性课程的作用。

最后，实现了多种学习方式的融合。国博课程实现了多种学习方式的融合，无论是讲解员的讲授，还是体验教室的体验活动，都是学生学习的必要方式，各种方式的有效融合保障了教与学的质量。

（四）国家博物馆里的音乐课——温丽丽

国家博物馆里的音乐课，与以往在学校里的音乐课不同。这里的音乐课通过参观历史文物，了解远古时期人们常用的生活生产工具和历史环境，将音乐追溯到声音的萌芽和发展阶段。通过对声音起源的探索，老师与学生借助着文物回到了远古时期。模仿山顶洞人的生活动作，想象着他们所能创造出来的声音，仔细剖析那时候自然环境和生活环境中人们所能感受到与创造出来的声音。通过了解这些声音的来源，学生清楚地认识到声音是怎

温丽丽老师在国家博物馆上课——《无处不在的声音》

么来的、是如何创造出来的，又是怎样被人们使用的。这些知识都是我们在学校的音乐课中从不接触的领域。

能走进国家博物馆深入探索历史，使我和学生都打开了一个新的音乐篇章，了解了一个新的艺术领域。虽然我一直在从事音乐教学工作，但从未认真研究过声音的启蒙和历史发展，而更多的只是关注音乐本身的要素，如音准、节奏、音色、旋律等。而国博课程，则促使我对音乐、对声音、对艺术有了新的认识和新的关注点。拓展了艺术之外领域的知识，开创了新的教学方式，这样情境新颖、展品丰富的课堂使得我和学生都受益匪浅。国家博物馆里特殊的音乐课堂、新颖的教学模式开拓了我们的眼界，丰富了我们的知识，为音乐教学工作的开展打开了新的通道。

（五）国博里的美术课令我建立的"大美术观"——李阳

1. 走进博物馆，与文物零距离接触

参观文物珍品，与文物零距离接触，深入开发文物自身的教育价值，能更加清晰地观察文物的外貌和细节，360度无死角，全方位感受文物的全貌和质感，进一步感受文物的历史沧桑感，当学生与文物面对面时，文物带给学生的视觉冲击力和震撼的真实感受，是图片和任何其他表现手法所不能及的。

2. 双师遣课堂

国博课程充分利用社会资源，采用博物馆教师和学校教师分别在展馆和体验教室共同授课的方法，两段教学内容相互呼应，互为基础，相得益彰，发挥最大的教育效果。两位教师还可以就教学内容相互补充，针对学生随机提出的质疑做出相应的答复，给学生创造一个全方位、多角度的学习环境。

3. 打破学科界限

课程的设计融合书法、美术、历史、社会等多学科内容，在课程开发

李阳老师在国家博物馆上课

过程中有意打破学科壁垒，同一题材的课程内容中强调多学科知识的交叉运用，有意培养学生对知识的综合运用能力。

　　面对着这些课程特色和亮点，我不禁也深深地感受到对教师的要求也提高了，我们要在课程的促进下不断地自我修炼。假期，我们一部分编写国博教材的老师又经历了一次头脑风暴。按照学校要求，新学期开学后，我们这十几位老师将承担全校一至六年级所有班级的全部国博课程，就是说我们除了完成本学科的教学工作，还将承担专职国博课程的授课工作。这就意味着我们必须掌握和胜任国博课程中所有学科的所有课程，包括与美术毫不相干的音乐、书法、科学、品德与社会等课程，这就要求我们不仅要熟练地理解和掌握各门课程的主旨，还必须成为一个跨学科综合性的全才，要上知天文、下晓地理，要能上九天揽月、下五洋捉鳖，要成为一名来之能战、战之能胜的战士。

　　说实话，这真是难度极大的挑战。但是，面对困难，老师们选择的是战胜困难，接受挑战，提升自我。为此，我们迈开了转型综合型教师的第一步。

　　还没开学，我们这些老师就紧锣密鼓地开始钻研教材啦。我们分头联系编写教材的老师，分享教案和课件，利用开学前的几天时间，了解自己所要教的课程的主旨。跨学科的课程对我们来说是陌生的，我们只能通过查阅大量的资料来恶补一下，但是还会遇到许多难以理解和掌握的知识点和技能方法。郭主任了解到老师们的困难，就组织大家互相培训，为联系方便，还给所有老师建立了微信群，老师们有问题都可以在群里交流，有了这个群，我们沟通就更方便了。老师们开诚布公，不分你我，互相帮助，每当问题比较集中的时候，比较精通的老师就会主动站出来召集大家定个时间，集体培训，我们就像一个大家庭一样，大家都在这里获益，感到分外温暖，再大的困难也能化解了。

　　郭主任是个很心细的人。开学后，为了给大家解燃眉之急，她和学校商量为老师们组织几次专业培训，这得到了学校的大力支持。只要是对学生和老师的发展有利，校领导无条件出资出力全面支持，这令老师们很感动。这期间，郭主任组织我们分别到专业的工作室里参加了制作冰皮月饼和 DIY 手工扎染的专业培训，还有老师们自己互相组织的编发和盘发培训、青铜纹饰和青铜铭文的培训，以及瓦当文字和陶器制作培训等。老师们在这样的活动中不仅了解更多的课本以外的知识、学到了跨学科的专业技法，更重要的是更新了教育观念，构建了跨学科综合探索的思路和意识。

　　教师的转变为教育的转变做好了准备。在这样的培训活动中，老师们越来越认识到，我们今天的探索和付出，都是为了培养更加全面的综合型人才。我们作为综合活动课程探索的先行者，在实践中只有敢于打破学科界限，才能发现各学科领域之间的联系，才能更好地将知识融合，我中有你，你中有我，在美术课中融入书法、音乐元素，在科学课中融入品德与社会、美术元素，把每一种单一学科的共通点联系起来，架构成一个互相兼容、互相连带的完整知识体系。在这样的活动中，老师们一点点地在转变，从不理解到逐渐接受，从困难重重到乐此不疲，我们互相帮衬、互相鼓励，在探索中总结教训，在失败中积累经验，因为我们深知这是我们面临的挑战，也是我们教育工作者的责任。

二、学生博悟

随着课程的实施与推进，其中最为获益的就是学生，孩子们在博物馆学习的过程中有了不同的收获，他们在这里博学博悟，通过看文物、听讲解、动手做等多种活动，从不同的角度来看待事物，看待人类社会发展的变革。在这个过程中，他们获得的不仅仅是知识，更是一种重要的情感体验。他们在不知不觉中开始爱上博物馆，开始掌握了博物馆里的学习方法，开始认同和尊重自己的民族文化……

（一）学习饮食方式之礼——邢洋

古人们往往会通过绘画来记录自己的生活。走进国博古代中国展厅，我从一块块记载着餐饮文明发展的画像砖上，从简单而又古朴的一笔一画中，看到了古人饮食之礼的发展历程。

通过展厅学习，我知道了饮食是礼仪发展的原始起点，我们的祖先就是从这开始，走向了文明，变得越来越智慧。

色彩丰富的画像砖，是古时候的人们有意无意间记录下的点点滴滴。但是也正是这些点点滴滴，让我们了解了从古至今餐饮礼仪的发展变化历程，也更加诠释了我们今天的餐饮礼仪如山河般深远的渊源。这样的课让我们一个个都听得入神，甚至想把自己经历过的饮食场景也以画像砖的形式记录下来。而老师的安排恰恰满足了我的愿望。我抓起手中的笔，一笔一画，记录下自己心中餐饮礼仪的魅力所在。教室里安静极了，只听见"唰唰"的笔摩擦纸面的声音……

学生在国家博物馆课程学习后制作的博物馆小报

在这次实践与体验的课程中，我们不仅收获了实践的快乐，还更加深入地了解了"饮食方式之礼"。如果有机会再上一次这样有趣的课，我一定要更仔细的品味其中的乐趣与含义，领略古人的智慧和餐饮文化的无穷魅力。

（二）想再来国博上一课——李芸熙

站在广场上，一抬头就能看见雄伟的国博。它是那样高大，而高大中多一半是神秘。这种力量像磁石一般吸引着我们，同学们也立刻像离弦的箭一般冲进了国博。

刚刚踏进国博的大门，展现在同学们面前的是一个精美的殿堂：数不尽的石雕是那样精致；中间火红的花朵好似一束火焰，点燃了同学们心中的兴奋与向往。

走到展厅时同学们早就按捺不住心中的好奇，使劲挤到窗口边，而那些排在后面的同学听到讲解员妙语连珠的讲解，都急得使劲把脖子往前探。很快随着博物馆老师问题的抛出，同学们立刻有了学习的目标，三个一群、五个一伙地开始"探秘"旧石器时代原始人的生活。

我和同学在一个展柜前发现了原始人坟墓中一个奇怪的文字，大家各有猜测，答案也各不相同。但是，谜底到底是什么呢？我们去问博物馆老师，谁知她对我们神秘地一笑说："待会儿你们就知道了！"

听课时间到了，我们带着一大堆的问号走进教室。老师像魔法师一样，一一解开了我们心中的疑惑。最后老师告诉我们刚才那个文字是"来"字！出乎意料的答案更让我们好奇得瞪大了眼睛。原来古代人在收麦子时看到麦粒颗颗饱满，好像在呼唤大家快来收割一样。"来喽——！"随着这一声吆喝，"来"字就被定格成了小麦的样子了！听了老师的讲解，我们为中国文化的博大精深感到骄傲！

通过这次在国博上的一堂特殊的课，我们知道了汉字是世界上唯一的表意文字，所以人们可以轻松读懂它的意思，这也使得中国五千年的历史、文化文明没有断层，流传至今。

期待再次来到国博！

（三）我在国博认识"配饰"——续紫晖

在国家博物馆里有很多古代流传下来的珍贵文物，它们被小心地放置在展柜中。我如此的喜爱它们，迫切地想和它们更亲近一些。所以，当我第一次接触国博的体验课，就被深深地吸引住了，甚至在心底深处感觉到了心灵彼此贴近的幸福感！

所以我特别认真地听老师讲解，仔细观察展柜中的文物细节……

"步摇"——多好听的名字啊！一步一摇，动感十足。搓金丝可是个细致活儿，每当此时我就想象自己是古代的金器匠人，金丝就这样在充满感情的巧手编织中被赋予了生命力，步摇的形状就初步呈现出来了。

在体验区，我动手制作，很快一个属于我的步摇就做好了。真希望将来能够有机会在作品的背后刻下我的名字"续紫晖"，让它陪伴我的作品，去穿越历史的隧道，穿越时间的长河……

（四）关于色彩礼制——王禹璇

这次走进国博，我最大的收获就是在古代，人们是通过服装来划分等级尊卑的。而现代社会，人们穿衣很随意，可跟人的社会地位没有关系。我没想到，在古代，小小的衣服都有这么多规矩，这么多学问。古代人真是聪明，想出了通过服装，来划分等级尊卑。看来，历史可真不简单，我一定要好好学习，多了解历史，多学一些关于色彩礼制的知识！

（五）参观国博感想——王美玥

每个青铜器上的花纹都这么复杂的，该怎么认识或是记住他们呢？

没想到，在国家博物馆里我找到了答案！单看到一件件真实的青铜器时，我深深地被那种金属质感的美所震撼！有的纹饰以动物为主要形象，比如注明饕餮纹、近似龙的动物形象夔纹；有的是由连续回旋形线条构成的几何图形构成，叫云雷纹……我和同学们都听得入了迷。听完课，我和同学们还尝试着在刮画纸上画出青铜器的花纹，我们都画得格外投入呢。

在国博学习中我还知道了，原来聪明的祖先早在远古的新石器时代就开始使用青铜了。从远古时期到青铜逐渐衰败的春秋战国时期，青铜器上的花纹各不相同：从兽首纹、凤鸟纹等动物的纹饰，到春秋战国时期以云纹、雷纹为主流的样式变化。这让我对青铜器上的纹饰有了全新的认识。

这样的课堂让我们仿佛和祖先进行了一次交流，它让我深深感受到我们的祖先充满了智慧。

（六）国博里的一堂课——贾跹凡

在博物馆里如何上美术课呢？博物馆里也会有美术教室吗？我们真的会在博物馆里作画吗？刚听到这个消息还真让我激动不已呢，一连串的问题接连冒了出来。当我们迈步走进国博，当一上午的课程精彩地呈现在眼前的时候，所有答案都一一为我揭开。

进入国博大厅后，我便跟随着我们小队来到地下一层历史展馆，聆听老师为我们解读了书画同源的含义，并了解到中国历代擅长用水墨画竹子的画家和他们对竹子的喜爱之情。在认真欣赏了古代书画大家以竹子为主题创作的书法、水墨画作品后，我深深地感受到了古今无数文人墨客和仁人志士对竹充满了喜爱与赞美，是因为竹子有着不一般的中国传统文化含义：竹四季常青象征着顽强的生命、青春永驻；其空心代表虚怀若谷的品格；其枝弯而不折，是柔中有刚的做人原则；生而有节、竹节毕露则是高风亮节的象征；竹的挺拔洒脱、正直清高、清秀俊逸正是中国文人的人格追求。

一向头疼画画的我，在听完老师的讲解和示范之后，对画竹子竟也充满了期待，真有跃跃欲试的冲动呢！经过认真的描绘后，我的作品诞生了，看着自己的作品，我想这堂精彩的美术课带给了我太多的收获与惊喜。

三、家长述评

博物馆课程的开设与实施为孩子们打开全新的一扇窗，这样的课程也得到了家长们的首肯。

（一）博物馆教育使孩子敬重历史——丁含聪家长

我们通常认为教育行为主要是在学校和家庭进行。其实社会教育也是一个重要的教育途径，而这就涉及社会环境和社会延伸课堂教育。

博物馆是社会教育的重要场所之一，这一共识在许多国家尤其是文明程度较高的国家得到体认并做得很好。在中国，近些年来博物馆逐渐步入普通老百姓的视野。但是，真正能把博物馆利用起来，让它们起到教育认知的作为，还需要全社会的努力，这其中包括观念改变和制度完善。

我很高兴地看到，孩子丁含聪读书的史家小学，从他们入学开始，一直坚持这种形式多样、内容丰富的博物馆教育。作为一个男孩，丁含聪从小兴趣偏向于科学、体育，阅读的书籍也都是以科技为主的百科全书。这固然没错，但不够完整全面。在一个人成长的某些关键阶段，人文知识的学习在培育孩子世界观方面，往往比一些单纯的技能学习更加必要和迫切。人文知识，往往蕴含在博物馆里的文物中。利用博物馆，搭建延伸课堂，是史家小学的一个有效做法，也是它的优势。丁含聪从一年级开始，就到博物馆学习，随着年级往上升，每学期到博物馆去的次数也逐步增加。经常性的博物馆之行，改变了孩子在阅读上的单一缺憾，他开始看各种人文方面的书籍，这使得孩子涉猎的书更加全面与广泛。他如今对历史学习兴致勃勃，从中国史到世界史，他都如数家珍。就连军事技术类的历史，他也是朗朗上口。博物馆教育培养了孩子学习历史知识的习惯，这对于他们的一生都将有积极的影响。

（二）孩子眼中的国博课——刘美琳家长

前几天，孩子回到家里特别高兴，兴奋地讲着又要去国家博物馆上课了！国博课程是史家小学的特色课堂之一，孩子在这几年里，在国博中收获了一次次别具一格的课程，每一次都是带着新奇、兴奋和兴趣出发，载着满满的收获而归。国博回来，女儿兴高采烈地告诉我："老爸，今天太棒了，我们去了国家博物馆，里面好大，东西好多呀，还有很多我从来没有看到过的艺术品，更重要的是每一件艺术品背后都有一个不寻常的故事，有很多是我从来没有看到过和听到过的故事……"孩子说，昨天那些原本躺在书中的图片和文字，活灵活现地展现在了眼前，再加上专业人员的讲解，古代大家的书法与国画都生动、形象起来。尤其是美术老师的绘画指导，让孩子以更多的视角来观察和学习，收获颇丰。孩子放学回来后，就开始兴致勃勃地讲起国博上课的点点滴滴，还有些意犹未尽……

听着孩子滔滔不绝的叙述，看着孩子兴奋的表情，作为家长的我，由衷地感到高兴。其实家长最愿意看到的就是孩子的这份自觉，这种对知识的兴趣和渴望。

从女儿天真的笑声中可以真切感触到国博的学习带给孩子们的是快乐和幸福，这一次，真真切切给孩子们上了一堂活生生的完整版"中国历史"课。这样的课程有知识、有文化、有历史、有艺术，更有孩子们通过国博宏大的建筑、悠久的历史和精美多样的艺术品而体会和感悟到的中华五千年文化。

听过女儿绘声绘色、不厌其烦的"国博观后感"，我懂了，女儿心中的国博，不仅仅是一家历史悠久包罗万象的博物馆，更是她读《三国》、读《水浒》、读《上下五千年》的真实版"百科全书"。她观赏到的不仅仅是宏大的建筑群、精美而悠久的艺术品，更是她心目中对世界、对未来美好的憧憬。

作为家长，我们由衷地感激学校给我们这样一个机会与平台，走出教室走出校园，享受校外的资源，开拓社会实践课，这使孩子们开阔了视野、丰富了学识、增长了见识。感谢史家小学能够坚持走"素质教育"的道路，尽最大努力为孩子们提供各种条件以提高孩子们的学习兴趣。同时，也让他们更多地了解了我们的社会资源，感恩于这样一个和谐、繁荣发展的时代。史家小学以其卓越的办学理念为学生插上了理想的翅膀、搭建了放飞梦想的平台！作为史家小学的学生是幸运的！史家小学的学生家长是幸运的！

（三） 有感于孩子到国家博物馆学习——兰正阳家长

五年级下学期，史家小学组织学生去国家博物馆学习，孩子们异常兴奋，兰正阳也一样，一直期待着这一天的到来；虽然她之前也跟着家里人去过，但毕竟有些走马观花，目的性和学习性都不够强。

这次和同学们一起来到国博，经过半天的参观，兰正阳受益匪浅。这一天，放学回到家中，兰正阳给我们讲述了整个过程，包括参观中国古代陈列馆，学习五谷知识，还到学习实践中心听科学老师讲解，最后自己动手做了有趣的五谷画。

参观博物馆是最生动的教学方式，能让孩子们直观地学习从古至今社会文明的发展。本次参观就有点有面地了解到古代农业知识，通过动手实践还加深了对五谷的认知，再也不是五谷不分的城里人，兰正阳时不时能提出有关谷物知识的问题，显然对农业领域从不太关心到产生了浓厚的兴趣。

这次学校参观国博的教学方式启发了家长的教育思路，节假日里我们家长会借助孩子的学习兴趣，多去参观各类博物馆，从天文地理到人文历史，从工业文明到海洋生物，等等。兰正阳是爱好读书和写作的学生，再通过参观博物馆能让她把书本上描述性的知识与看得到、摸得着的具象事物相结合，对于巩固知识积累和启发更多思考有很大帮助。

感谢史家小学多年来潜心研究教学创新，为同学们营造了良好的学习氛围，实施着丰富多彩的教学方式，为他们能够德智体美劳全面健康发展打下坚实的基础。

再次感谢老师们辛苦的付出！

（四）国博课程开启孩子的智慧之窗——贾跳凡家长

记得孩子进入五年级后，有一天放学回家，兴奋地跟我说："明天老师要带我们去国博上书法课啦！"我疑惑不解地问孩子："国博里怎么上课？是参观吧？"孩子也是一脸茫然，但兴奋之情溢于言表，他骄傲而肯定地说："是书法课！以后还要上美术课呢。"没想到第二天，还没到放学点儿，我便在微信朋友圈中看到了班主任陈老师发的孩子们在国博里上课的照片，心情也随之兴奋起来。晚上回到家，孩子迫不及待地跟我讲博物馆课程的每个细节，从枯燥的历史到有趣的实践，从学到的知识到亲身的感受。孩子跟我说个不停，显然这堂课真是让他受益匪浅，收获颇多！我好像看到了一颗新的种子在他的心里生根发芽，心中不由得对我们学校开设的这门课程刮目相看。因此，在这里我要先感谢史家，感谢老师，将普通的传统课程搬进博物馆，用这种新型的教学实践活动为孩子们再一次点亮了智慧的人生，激发出了艺术的灵感。

其实，在我心中，博物馆真的是这样一个地方：它不是旅游景点，它是我们终生学习的场所。这里收集着人类的记忆，珍藏着民族的灵魂，抵御着岁月的剥蚀，记录着时代的变迁。博物馆不正是培育课程的种子生根、发芽的肥沃土壤吗？而学校将传统课程与博物馆文化有机融合在一起，将孩子本来不太感兴趣的课本内容变得生动有趣，引发他们的求知欲，这是多么难能可贵和用心良苦啊！

通过五年级这两次博物馆课程，我发现孩子身上发生了一些变化。一是对历史产生了浓厚兴趣，阅读的书籍也转为历史类题材偏多；二是练习书法更加刻苦，对自己的书法要求有了更高的追求，总以历代大家为目标；三是本不喜欢绘画的孩子，对中国水墨画产生了兴趣，有时竟也能执笔蘸墨地临摹上几笔。我想，一定是博物馆课程在潜移默化中让孩子爱上了历史，爱上了艺术。

博物馆里的精彩课程，为孩子们开拓了驰梦的空间。孩子们在课堂上和书本上学的很多内容，都经过了总结和提炼，缺少了直观和具象。而在博物馆里上课，既可以让孩子们直观地欣赏文物之美，又能在讲解中让他们乘着想象的翅膀去思考、探索。博物馆里的精彩课程，为孩子们提供了思考的空间，他们可以观察，可以发现，可以思考，这让学习变得更加有趣，让思维变得更加活跃，颜真卿的碑拓，郑板桥的真迹，都会实实在在地引发孩子们的探索欲和向好的心理，这个思考和探寻的过程不正是我们学校和家长共同关注的重点吗？在我的认识里，孩子可以不学写书法，但需要了解中国文字之美；可以不会画中国画，但需要懂得水墨之间的意境，而博物馆课程可以引领孩子们找到答案，并为他们打开一扇门，让他们拥有更宽广的视野。

我深深感到，学校开设的博物馆课程真的可以在潜移默化中为我们的孩子提供横向和纵向两个很好的维度去认识不同时代、不同空间下，人们认识世界、观察世界、创造世界、改变世界的影响和结果，作用重大。

一个国家，因为有了记忆，这个国家更显厚重；一个民族，因为有了记忆，这个民族得以延续；一段人生，因为有了记忆，回忆起来会很精彩！相信在学校、老师和我们家长的共同努力下，孩子们多多参加这类课程，一定会为他们打开无数知识的窗口，让他们眼界开阔，思维活跃，兴趣广泛，成人成才！希望这段博物馆课程也在他们的童年里留下美好的回忆！

（五）走进国博　体验经典——乔明昊妈妈

自 2013 年 9 月史家小学与国家博物馆签署《〈漫步国博－史家课程〉合作项目协议书》以来，史小的孩子们可真是幸福啊！

原来孩子对历史文物毫无兴趣，每次周末想带他去博物馆参观，都是迫于无奈，硬着头皮跟着我去，作为家长我们也只是带他去，而不能很好地给孩子进行详尽的讲解，所以每次参观也都是走马观花，点到为止。走进国博的两年间，从孩子的言谈举止中就能感受到他的变化，对国博课程的深入学习，使他受益匪浅。现在，孩子可喜欢历史了，尤其对一些文物更是感兴趣，特别是前几天，再次走进国博，深入学习有关青铜器的知识，使他深深着迷。回到家，儿子就跟在我身后，不停地跟我说起上午去国博学习的课程及所见所闻，还时不时地问我有关青铜器的知识。原本对青铜器没有任何了解的他，回到家，居然能把老师讲解的有关青铜器的知识，细细讲解起来，真像个考古学家啊！从青铜器上的年代讲到纹路，再到用途，讲解真是细致。中国的青铜器艺术，经历了夏、商、西周和春秋战国千余年的发展，形成了独具特色的青铜文化。商周青铜器是中国古代青铜器的最重要组成部分。由于商周青铜器纹饰与王权、神权的结合尤为突出，其神秘、独特、璀璨的艺术特征延续了十多个世纪并营造了中国早期文明的极浓厚的神秘氛围，从而使它不仅直接作用并支配了那一时代，而且也对后来的中国文化及艺术产生了深远的影响……听着儿子绘声绘色的讲解，我体会到了孩子喜欢上国博课程的原因了，这样的课堂，这样的现场实物讲解，有哪个孩子不喜欢啊！心中不免佩服儿子所学课外知识的丰富程度，同时更加体会到了学校及老师们的良苦用心，每学期学校都会安排很多这样的课外课程，使孩子们不再拘泥于课堂上的 40 分钟，而是真正步入社会，体验书本以外的知识，增长了见识。

在国博课程中，孩子们不仅能够学习到课本上的知识，而且能够看到真实的历史文化遗存，在倾听双师讲解、紧随导师引领中，感受中国的历史、中国的传统文化、中国的古代科技……这样的课程不仅仅学生们爱上，就连我们这些做家长的也能感受到孩子的变化，他们的眼界更加开阔了，知识更加丰富了。依托博物馆丰富的课程资源，老师们带领学生走进社会，穿越世界、穿越古今，直面鲜活的文化和悠远的历史，让学生的视野超越学校围墙的限制，让教育回归生活、回归社会。

（六）国博学习让孩子懂得历史——王禹璇家长

王禹璇有幸参加了这次国博课有关色彩礼制的学习，回来后，感到她异常兴奋。

平时我们给孩子讲的中国古代知识比较少，基本停留在朝代和名家的了解上。像这次国博课这么系统地给孩子讲解中国古代服饰礼制的一些常识性知识，是孩子平生第一次接触，相信尽管这只是中国古代文明文化中的一个小知识点，但在孩子心里却激发出无比的崇敬和求知欲。那个晚上，孩子请求让她上网查相关资料，想获取更多这方面的信息和知识，那种求知的热情感染了我们全家，我们一起查看有关古代服饰礼制的文字和图片，每当孩子看到她在国博学到的内容时，都兴奋地给我们讲一下，在孩子的带动下，我们做家长的也有机会重温了一下早已生疏的历史知识和服饰礼制知识，那一刻，我们感受到，孩子由衷地自豪地庆幸自己是中国人、是炎黄的子孙、是中华民族的一员。

史小能够给孩子们创造并提供这样有意义的学习实践机会，是每一个史小学生的幸运，愿孩子们在知识的海洋中快乐畅游。

（七）走进国博，受益终生——冯可馨妈妈

中国国家博物馆已经有了百年的光辉历程，积淀了深厚的历史文化底

蕴，记载着中华民族五千年文明足迹，展示着我们伟大祖国的历史文化艺术和社会发展的光辉成就，是中华儿女传承历史、开拓未来的精神家园。国博是以历史与艺术并重，集收藏、展览、研究、考古、公共教育、文化交流于一体的综合性博物馆。

史家小学开展"走进国博，感受龙文化"活动，冯可馨仔细观察了各个历史时期不同文化底蕴下的龙纹，感叹历史文化博大精深的同时，把自己觉得有代表性的龙纹详细做了记录，通过这次活动，感受到中华民族历史文化的悠久及传承。

国博不仅能够在知识上给小朋友以启迪，在动手能力的培养上也丰富多彩。冯可馨除了随班级参观国博的历史文化，还和同学们一起做了刮画和五谷画。大家都开心极了。

我相信，当孩子们徜徉于中国国家博物馆这座崇高文化殿堂中，徜徉于历史与艺术的长河中，一定会惊叹中华五千年文明的辉煌和灿烂，赞美世界文明的流光和异彩，感受艺术的纯真和大美，一定会获得身心的愉悦。

第五节　国博课程——史家小学的精品课程

史家小学的国博课程，从品德与社会学科开始，以多学科参与的精品校本课程为结点。国博课程在开发和实施的过程中，备受同行、教育部门以及新闻媒体的关注。在三年中，我们探索了跨领域的合作机制，并且组建了跨领域的课程开发实施合作体，创新了双师授课的教学模式，真正做到了"活动课程化""课程活动化"！在全市乃至全国都起到了引领示范的作用。

全国德育课程研讨会、全国博物馆教育研讨现场会、北京市综合实践课程培训会、北京市学科教学社会资源化课程实施探讨会、东城区教师培训等众多重要活动中，史家小学与国博联手开发的博物馆课都成为现场的展示课、示范课、观摩课、研讨课……

整个课程实施与开发先后被中国文物报、中国教育报、现代教育报、北京青年报、北京晚报、法制晚报、新东城报、人民网、中央电视台、北京电视台、中国教育台等多家媒体报道。

现在，史家小学与国家博物馆联合开发的《中华传统文化——博物馆综合实践课程》《博·悟单》已经正式出版。它成为北京市社会资源单位与学校联手落实国家四个一工程、10%综合实践课程、践行和落实社会主义核心价值观教育、立德树人等教育纲要和实施意见最有效的实例。

第五章

在史家的舞台上成长

第一节　史家精神的感召力

一、师者楷模的典范张效梅

张效梅老师是史家小学师者的典范，在她的身上有着学者的书香气，有着大家闺秀的贤淑，有着教师对学生无私的爱，有着对教育事业执著追求的精神，有着对生命的热爱……

其实，我上班的时候，张老师就已经退休了，但是她的精神与品质却成了所有史小教师默默传承的史家传统。第一次真正见到张老师，是在2007年史家小学为她举办了"用生命中最宝贵的年华为史小奠基"的庆祝会。当时正是张老师的八十大寿，学校用这种特殊的方式为她庆祝。记得当时张老师在会上说："教育之重，就是以灵魂塑造灵魂。如果有人问我，以什么尺度去衡量一个老师对事业的忠诚，我的回答是——爱学生，以高尚的师德服务于学生，这就是一个标准的尺度。"张老师是这么说也是这么做的，在年轻的时候，张老师为了能够上好课，能够让孩子们爱上学习，她认真备课，经常是一备就到深夜两点多。曾经为了一节课找不同学科的老师进行请教，为了课文中一个地方的准确问题而查遍所有的地图，曾经为了上课而过度工作导致在课堂上晕倒……这样的敬业精神，对教育事业的执著追求，让我感动不已。

还记得在史家小学建校 70 周年大会上那短短几十分钟的访谈节目。当时，来到现场的还有几位张老师的学生，其中有著名演员濮存昕、音乐家曹勇、著名的知音姐姐卢勤等。当时，曹勇先生讲述了自己难忘的经历，他说在他毕业后将近 40 年没有去看望自己的老师，当 40 年后一走进校园，自己心中还在想张老师是否还会记得自己的时候，没想到，张老师就出现在了自己面前，并且一下就叫出了名字，可见老师时刻把我们都放在心里呀！随后，张老师还拿出了当年这些学生画的画，画纸依然那么新，画的颜色依然那么鲜艳，可见平时张老师对这些学生的作品收藏得有多仔细……这些都透出张老师高尚的职业素养！

这些都是激励着我走上史家教育工作岗位的原动力，她让我看到了教育的希望，看到了教师的幸福！

二、永争第一的卓立校长

卓立校长在我的印象中是一位永争第一的校长，在他的观念中，无论做什么事情都要做到最好，记得他曾经说过："如果不是第一，就不用跟我说了。"我想也许就是因为有这种永争第一的心，所以才能带领着史家小学步入全国名校的行列吧！

史家小学是全国第一个有信息教室和开设计算机课的学校。早在上个世纪 70 年代，很多人都不知道电脑是什么的时候，史家小学就开设了信息课。当年信息教室的桌子还是卓校长从冰箱厂购置的废旧冰箱门改装的，显示屏还是最早的那种黑白电视机改装而成的。现在几十年过去了，信息技术课程已经成为一门普及型的课程，而史家小学却比全市信息课程的普及早了十几年，要知道在现代化的今天，早个十几年，那是怎样的一种优势和差距呀！

史家小学是全国第一个有红领巾电视台的学校。同样，在上个世纪的70年代，卓立校长还是史家小学的一名大队辅导的时候，就办起了学生电视台。这个小小的电视台从设备的调试、电线的安装都是卓校长亲力亲为，据说当时还安装了一个电视信号发射系统，学校周围几条胡同的居民都能够看到史家小学的节目呢！也正是在这样的育人环境下，才能从这里走出濮存昕、姜文、姜武、蓝天野、曹勇、唐烨等众多的文艺明星吧！史家的好最关键在于史家的教师好，他们有一颗不断创新的心，有锐意改革的超前意识。

史家小学是全国第一个组织升旗仪式的学校。在今天，学校里每周一次升旗仪式，每天早晚都要进行升降旗，已经不是什么新鲜事了，可是，在当年这可是全国首屈一指的做法！卓立校长率先在学校里举行了庄严的升旗仪式，得到了社会各界的关注，并在当时报纸上进行过新闻报道，此后不久很多学校纷纷效仿。利用升旗仪式对学生进行爱国主义教育是最好的契机，也是最符合教育需求的。史家小学的先进做法被全国效仿，最终成为规定的内容在全国实行，并被写进《国旗法》中。

史家还有很多的第一，这些第一都与这为老校长有着密切的关系，我想学校这一个又一个的第一与卓校长本人永争第一的工作态度是分不开的吧！

1993年，我成为史家小学的一员，当时正是卓立任校长，在随后的十余年时间中，卓校长这种永争第一的工作态度也深深地感染着我。让我知道了只有扎扎实实做好每一件事情，把做到最好作为自己的奋斗目标，并且为之不断努力创新，才能获得成功。

"做就做最好的！"这样的工作态度，是我始终不变的追求，也正是在这样的工作态度之下，我才能取得优异的成绩。

三、成长路上的支持者王欢校长

2010 年王欢任史家小学校长，王校长的工作作风与卓校长并不相同。作为学校的一把手，王校长更加关注教师的需求，对待教师非常贴心，在我的印象里，只要是你能想到的于学生有好处、于学校有好处的教育教学的好想法、好计划，她都会给予最大的支持与帮助。

如果说在史家小学前十几年是我学习积淀的过程，那么王校长来到史家后的这几年就是我成长进步的桥梁。在 2011 年我参加全国品德与社会学科教学大赛的时候，王校长给了我极大的支持与帮助。帮我聘请专家听课指导，帮我协调日常教学工作，这些都让我能够安心参加比赛，最终获得全国一等奖的好成绩。

2011 年开始，我全面承担学校的蓝天工程和社会大课堂的工作。面对这项工作，一开始我一头雾水。为了能够真的让每一个孩子都走出校园，能够让每一次的外出学习都积极有效，我自己走遍了北京市大大小小的各家社会资源单位。并根据这些资源单位的情况，从中进行筛选，挑选适合史家小学实际情况的资源单位，开展积极有效的教育教学活动。为此，我制定了各年级学生参加社会大课堂的学习方案，并且提出要组建一支专门的教研组，这个教研组的成员应该涉及各学科的教师。这个想法，得到了王校长的认可，她出面帮忙协调，让我组织起了第一支史家小学"蓝天""社会大课堂"的教研组，这为我们后续活动的开展奠定了基础。

随着对这份工作了解的越来越深入，我感到"蓝天博览课""社会大课堂"的综合实践课，仅仅是普通的参观听讲解，因而是远远不够的，要想学生在这个过程中真的有所收获，还要在这些资源单位中开课。这可不是一个简单的事情，它涉及人员的安排、寻找恰当的合作伙伴、实施过程中的安全问题等等。一开始，我先从一个班开始尝试，结果授课效果非常理想，也得到了家长的认可。回到学校后，我把这件事情向王校长进行了汇报，原以为会因为牵扯的相关事务性工作太多、太麻烦，不一定能得到同意，因为在当时，放眼全市也没有这样的先例。可是没有想到王校长完全同意，并且给予了人力、物力以及时间等各方面的大力支持。这才使得史家小学有了与国家博物馆的深入合作，才会在这一次教学改革中面对 10% 的综合实践活动时，史家小学平稳度过并且领先全市的成绩。

2015 年，教育全面改革，各个学校都要针对这 10% 的综合实践课程将学校的整体课程体系进行全新的梳理，正在各个学校都一头雾水，不知道如何做的时候，而我们史家小学却将《中华传统文化——博物馆综合实践课程》的全套教材呈现了出来。这套教材是我们与国家博物馆历时 3 年的时间一同开发并编写的博物馆教材，虽然我是直接工作的承担者，但是在这个项目推进的过程中，王校长给予的大力支持，特别是政策上的支持，才是最重要的。为了让该课程能够在博物馆中顺利实施，在我的建议下，学校又出版了专门为学生设计使用的《博·悟单》一书。这本书，是可以让孩子在博物馆中学习的时候边学边记录的学习单，孩子们将在《博·悟单》的提示下，完成自己在博物馆的学习任务。我的想法，一向王校长表达清楚，就再次得到了她的大力支持。就这样，由史家小学老师们编写的《博·悟单》一书正式出版。

转眼间五年的时间过去了，回想这五年，虽然忙碌着，但是却在收获着。这样的成长、这样的成绩都源于王欢校长对老师们的支持，源于这份最人性化的管理模式。

忘不了，在备战"东兴杯"时深夜的慰问；忘不了，在全国大赛前细心的叮嘱；忘不了，在有需求时的鼎力支持；忘不了，取得成绩时给予我最真诚的肯定……也正是这一个个忘不了的精彩瞬间，才让我更加愿意为史家小学努力付出，愿意为这所培养我的学校贡献自己力量！

第二节　影响我的史家人

一、要做好老师——严吉：勤奋　扎实

我是"土生土长"的史家人，早在师范学校尚未毕业时，我就走进了史家小学成为这里的一名实习生。当时我就在严吉老师的办公室实习，也就是那时候让我认识了真正的史家人，让我爱上了这所学校，让我下定决心一定要到史家从教。

记得当时严吉老师是一个班的班主任，班中的学生都非常喜欢她，不仅仅因为她格外的爱孩子，更重要的是她勤奋、扎实的语文教学。虽然，现在严吉老师已经成为东城区教委小教科的主任，离开了史家小学，但是20年前她上课的精彩瞬间还依然让我记忆犹新。

《十里长街送总理》一课上严老师那感人至深的诵读，仿佛把每一位听课者都带入到了当时场景，在场的每一位老师都深深地感受到全国人民因为这位伟人的离开而难以平复的哀伤。动情入景，听课者一下子就体会到了作者的心情，以及文章的思想内涵。

《卖火柴的小女孩》这篇脍炙人口的童话故事，在严老师的带领下，孩子们读出了不一样的韵味，感受到了当时的社会背景，不公平的社会制度，

体会到了当时穷人的悲苦生活。

《詹天佑》给我留下印象最深的就是人字形铁路的动画幻灯片。当时，电教手段还没有现在这么先进，课上能有一个幻灯机就非常了不起了，更没有什么专门针对学校课程的幻灯片。当时，严老师就自己动手绘制幻灯片，她自己设计并制作的詹天佑人字形铁路的幻灯片，是一个可以移动的复合幻灯片，从幻灯上播放出来的效果就好像是个小动画片，这可极大地吸引了孩子们，人字形铁路的重要作用，工作原理等教学难点迎刃而解。而这样的课堂震惊了当时全场的人。

严老师的好课还有很多，至今我都难以忘怀，而这样的精彩课堂背后所承载的则是严老师平时对待工作的认真与勤奋的工作态度，创新与实践的工作精神，这些都深深地打动着我，感染着我，这种对教育的执著追求也一直激励着我。我想正是她爱岗敬业的表现才促使我坚定了走上教师岗位的决心吧！

二、要用心做事——黄薇：严谨　求实

在我的工作道路中，有一位引领着我一步步走过青涩，走向成熟与成功的老师，这就是黄薇老师。

黄薇老师也是一位史家人，她现在东城区教师研修中心工作，但是史家的精神却依然在她的身上闪耀。1994 年我第一次走上地理教学的三尺讲台，黄薇老师就成了我的师傅。虽然没有行过真正的拜师礼，但是她对我的影响与帮助已经甚至已经远远超过师傅的职责。转眼间 20 多年过去了，黄老师给予了我太多的鼓励与支持。

还记得，我第一次参加北京市社会学科教学大赛时，黄老师帮我备课，

为我的教学设计出主意，往往是一干就到深夜。她还帮我请来很多有经验的同行老师，帮着我听试讲，改教案，设计课件……当时在她的身上，我看到的是严谨求实的工作态度。这样的工作态度对我影响很大，现在我依然用这样的标准来要求自己。

还记得，第一次参加北京市青年教师基本功大赛时，即将参赛的我们只有 24 小时的准备时间，黄老师为了陪伴在我们的身边，为了给我们最大的支持，把年幼的孩子带在身边，那么小的孩子跟我们一起熬夜加班。要提交的教学设计稿件，黄老师一个字一个字地看，一个标点符号都不放过，这份认真与严谨的态度令我敬佩不已。

还记得，第一次参加全国评优课比赛时，黄老师陪伴我走过的艰辛岁月。那时的我每天被各种不同的意见充实着，每天去不同的学校试讲，每天被不同的专家否定，每天要不停地对教学设计进行修改……在这个过程中，黄老师给予我极大的关心与鼓励，打消了我的顾虑，让我自信地走上赛场，最终以优异的成绩获得全国评优课一等奖的好成绩。这份共同走过磨砺的心路历程，令我终身感激。

今天，如果说我在品德与社会学科中有一点点的成绩，这与黄薇老师的指导、引领分不开。现在她虽然已经离开了史家小学，但是我们都知道这份对教育执著追求的精神确实传承于史家精神，这份独特的史家精神也铸就了我的成功。

三、要做领航雁——范汝梅：无私　奉献

2013 年，我走上了又一个工作岗位，开始了做教学管理的工作。记得当时自己对此一无所知，不知道自己到底要做什么，怎么做？恰在此时，

我身边的范汝梅副校长给予了我很大的帮助。

团队建设是工作顺利开展的保证。范校长常说："个人的成功不是成功，真正的成功是整个团队获得的成功。作为一个领导干部，要成为团队的榜样，要把精力放在人才梯队的培养和管理的规范化上，要做到不争功，不抢利。"在她的努力下，史家艺术教育部、史家科技教育部逐步组建完善，并且在各自的领域中有着突出的成绩。面对自己的团队与工作，范校长要求自己切实做到"想在前面""干在前面""走在前面"。

想在前面

史家小学有金帆舞蹈团和金帆合唱团，这两个团队从组建，到取得优异成绩，再到最终成为金帆团，范校长作了巨大的贡献，她对待艺术教育有超前的思考，有长远的计划，把学校艺术教育的整体工作，以及发展目标早在心中有了规划。如果说我们看到的史家小学金帆团是经历10年发展而来的，那么对于范校长来说，一定是远远超于这个时间段的，因为她早就在心中进行了规划。确定的奋斗的目标，只有想在前面才能做出成绩，范校长用自己的实际行动以及实践成果向我们展示了这一点。

干在前面

记得范校长刚刚做管理工作的时候，学校有一位年轻的老师做全区展示课，马上要上课了，可是听课老师的人数却超出了预计人数，范校长二话没说，自己就动手搬椅子，很多年轻老师看到后，也马上加入其中，当时区里的教研员老师说："你们学校的领导可真好！能为老师们搬椅子，做在前面，自己做年轻老师的榜样，真是值得学习！"这件事虽然过去了很久，但是留给我的印象却非常的深刻，令我记忆犹新，而且在后来与范校长一起工作的几年中，我发现在很多工作中范校长都是自己做在前面。这种榜样的力量使很多年轻的老师们受到影响，自觉主动地做到爱岗敬业。

她带领的团队具有一种特殊的凝聚力，正是这种凝聚力才让我们史家小学的艺术教育取得了优异的成绩！

走在前面

作为一个领导、一个学科带头人，自己要有扎实的教学基本功，以及高水平的教学能力，因为高水平的领导者才能带出优秀的团队。范校长在教学上严格要求自己，尽管学校的整体工作非常的繁忙，可是她依然坚持进班上课，听课，跟同学科的老师交流研讨。她的教学理念总是具有前瞻性，很多课都是全区乃至全市的示范课。

容人短处，用人长处；真诚尊重，以情暖人；赞美老师，信念感染！这是范校长对自己的要求，她身上的这些品质深深地打动着我，也在引领着我逐步向前迈进。

第三节　难忘的经历

一、和谐旋律的印记

和谐教育是史家小学的办学特色，该理念的提出是在上个世纪 90 年代，现在和谐教育已经在史家开展了 20 多年，早就形成了自己独特的校园文化。

和谐的氛围，和谐的师生关系，和谐的干群关系，处处彰显着史家小学的和谐特色。在进入新校舍不久，学校就在保利剧院召开了"和谐的旋律"主题文艺演出，这是史家小学第一次承办这种大规模的正式文艺演出，为了能够将其精彩地呈现给每一位学生、每一位家长，全校所有的老师、领导干部齐心协力积极地投入到各种准备中。

记得在演出前一天保利剧院还有其他的商业演出，要想进行舞台布置必须要等到商业演出结束后，这就意味妆台的工作要在夜里进行。当时负责这项任务的老师们没有任何怨言，白天照常到学校上班，夜里就在保利剧院跟工人一起妆台。电教老师也是在商演之后，迅速把所有音响设备搬入剧场，并且连夜向保利剧院的工作人员请教各个设备如何使用，特别是灯光、音响等设备的调试等等。工作在夜里紧锣密鼓地进行着。

再看看，准备登台的老师、孩子和家长们，他们为保证演出的质量与品质，已经连续很多个双休日没有休息过。舞蹈、合唱、管乐在一遍又一遍地排练。而所有的排练工作都要安排在放学后或者是双休日，白天无论是孩子还是老师都没有落下一节课。这份无私奉献、齐心协力的精神深深地打动了我。

演出当天，我被学校安排在了后台，工作是负责舞蹈队学生们的换装与道具准备。这使得我有机会走进舞蹈队的后台，亲历他们工作的点点滴滴。演出在晚上进行，当天中午，孩子们就要到保利剧院去彩排，走舞台位置，中午骄阳似火，孩子们的服装、道具太多了，她们小小的年纪每人都背了一个大大的服装包，手里还拿着各种头饰和化妆品。家长们也自发前来帮忙，只见很多位家长肩上背着几个大大的服装、道具包，还不忘照顾孩子，汗水浸透了她们的衣服。看到这样支持学校工作的家长，我由衷地感到敬佩。

下午的彩排开始了，我开始真正地经历了与孩子和家长们不一样的紧张。原来，舞蹈队的演出一个节目挨着一个节目，中间换服装和道具的时间仅有 5 分钟，而在这短短的 5 分钟内我要负责 4 名学生换完服装，并把她们送到台口等待上场。一下子，我就紧张了起来。为了让孩子们准确、快速地换装完毕，我把每一个节目的服装按顺序准备好，孩子上前台演出，我就利用这个时间把下一场表演的服装准备好。等孩子们下来了，马上帮他们换衣服，由于我的准备工作做得充分，孩子们在规定的时间内顺利地完成几个舞蹈的换装工作。一下午的彩排结束后，我发现孩子们的舞蹈服都被汗水浸湿了。于是，我把孩子的舞蹈服一件件拿出来，分类晾晒起来，尽管只有几个小时，但是我想到了晚上孩子再穿上的时候多少也会舒服一些吧！与我一样关心孩子的，还有这些孩子的家长们。只见他们在休息之余，认真地检查着孩子们的服装，发现有掉花的、开线的、扣子松的，都及时缝补上，还有的家长则利用休息时间自己去给孩子们买各种吃的……在后台，到处都充满了温馨与和谐的气息。

史家小学"5.15 和谐的旋律"主题文艺晚会，我没有看到，但是我却在后台看到了不一样的一场演出，它同样精彩，同样打动人心，它演绎的是真正的"史家小学和谐的旋律"！

这件事情已经过去了很多年，但是在我的心中仿佛就在昨天一样。史家小学的每一次大型活动，都会令我怀念难忘。也正是这一个个感染人心的场景，一位位为了学校大局出发不求回报的学校领导与老师，才让我更加坚定地做一名好老师、做一个史家人！

二、十年磨一剑——北京市基本功大赛

2009 年，北京市教学基本功大赛的序幕拉开了，我有幸成为东城区品德与社会学科的参赛选手。对于这次比赛，我非常重视，因为这次比赛可以说是给我一次圆梦的机会。因为，早在 1999 年，北京市组织过一次教学基本功大赛，当时，我也是指定的参赛选手，但是临近比赛却因为生病住院而与那一次的比赛擦肩而过，心中留下了深深的遗憾。转眼间，十年过

去，在这十年中，我严格要求自己，努力在教学中有所突破，形成自己的教学风格，让自己始终保持最好的状态。而这十年中，北京市教委一直没有组织过类似的比赛，这次比赛是继1999年十年之后的第一次开赛。十年的时间过去了，我还能有机会再次成为参赛的选手，应该说我是非常幸运的，也说明自己这十年的努力没有白费。最终，我通过自己的努力赢得了一次圆梦的机会。

面对比赛我充满信心，不仅仅是因为一直奋战在这个工作岗位上，也不仅仅是自己的成绩一直比较令人满意，而是因为，在我的身后有一支强大的队伍，他们是我最坚强的后盾。那一个一个不眠之夜和痛并快乐的生活，即使是现在依然令我不能忘记。

参加北京市教学基本功大赛，备赛与参赛

当时，为了能够在比赛中取得好成绩，为了能为东城区争光，为史家小学争光，我每天在工作之余都在不停地翻阅各种复习资料。《教育学》《心理学》《教师法》《未成年人保护法》《课程标准》……一本本、一页页认真地读，用心地背，除此之外，每天一课教学设计的撰写，外加说课的课件制作等等，让我天天要忙到凌晨4点才能睡觉，而早上6点多就要起床去单位上班……这样备战的日子，持续了一个多月，终于，迎来了比赛的时刻。

这次的比赛既是煎熬也是成长，在备赛、参赛的过程中，不仅仅磨炼了我的意志品质，更是令我有巨大的收获。

1. 提高了自身素质

从接到任务到最后参赛，我与本区的其他两名选手一同积极"备战"。我们一起进行相关教学理论的研究、学习和背诵；一同分析教材，"磨"每一课的教学亮点，尽可能地写好教学设计；不停地请中学老师、专家和获得各种比赛奖项的老师们为我们辅导。从每一个教学设计的环节到每一个动作、眼神和表情都进行了严格的训练。在一次又一次的训练中，我们不仅是在业务上有了提高，更在个人的表现方面有了进步。大家更大方了，更自信了，说课更自然了……可以说经过几个月的训练，我们的自身素质都有了极大的提高。

最开始的时候，总是担心自己不行，怕取不上好成绩，因此压力很大，甚至夜不能寐。但是随着准备工作的深入进行，我的心态发生了巨大的变化。我更关注自己的进步，教材难点的突破和与同伴的交流与讨论，自己觉得不管最后的成绩如何，我已经超越了自己，已经取得了进步，平时在教学中遇到的难题经过这一次的积极备战全都解决了。而且，终于有机会能静下心来对教育学、心理学等有关教育教学的理论进行深入的学习和研究，已经是巨大的收获了。大家一起讨论、分析等交流活动让自己的思维更加开阔了，我越来越觉得过程比结果更重要，自己自身素质和水平的提高已经是最好的奖励了。因此我想，本次基本功展示活动的最终目的也应是如此吧！

2. 组建了和谐团队

基本功教学展示活动为每个学科的老师们提供一个交流、融合的机会。大家为了共同的目标一起讨论、一同思考、齐心协力，攻克了一个又一个教学中的难题，同时积极充分的讨论使得大家找出了一个又一个的教学亮点，拓宽了教学思路。

在积极备战的过程中，大家不分彼此，亲如一家，形同兄妹，遇到困难一起想办法，一起动手来解决，慢慢地我们形成了一个和谐的团队。在几个月的共同相处中，大家有了默契，配合得特别顺利，并且能够各司其职，各尽其责，因此一支具有较强"作战"能力的团队组建了起来。这无疑使我们东城区品德与社会学科的整体水平有了提高。

3. 掌握了教材

目前我们所使用的品德与社会学科教材是一套全新的教材，具有明显的时代特点。很多反映当前社会现状的社会性话题或是学习主题都是在以前的课中所没有的。尽管我有着 16 年的教龄，但是依然对很多内容把握不是很准，甚至对于一些教学内容有无从下手的感觉。

在平时的工作中有不少做课的任务，但是我都会选择自己认为"好讲"的课来上，而很多全新的教学内容就会因为准备得不充分或是不易准备就放弃了。由于没有好的解决办法，因此也不能深入地体会和理解编者的意图。品德与社会学科开课才三年多的时间，可积存下来的问题还是不少的。而这一次的基本功展示活动，让我不得不塌下心来，认真思考，寻找好的解决办法，设计更合理的教学活动。同时，在与同伴一起讨论的过程中获得许多灵感，在一次又一次的碰撞中，迸发了闪亮的"火花"。以前自己觉得没意思、不感兴趣或是认为难讲的课都有了不同程度的新认识、新理解。

例如，三年级的教材主要以养成良好行为习惯、认识自己、学会与人相处等内容为主。总体看知识点不是很多，而我长期进行高年级的教学工作，比较擅长的就是上知识含量比较大的课，所以一拿到三年级的教材顿时觉得无从下手。第一轮教下来以后，没有什么令自己满意的好课，心中不免有点着急。而这一次基本功展示活动，迫使我要想办法解决问题，深入地思考，大量地查阅资料，设计好每一个教学主题。为此，我向自己身边的年轻人请教，向同行老师请教，向教研室的黄老师等专家请教，不仅解决了自己的问题，更使自己的教学水平有了明显的提高。

可以说，为了基本功大赛，我反复地钻研教材，揣摩编者的意图，对这一套全新的品德与社会教材有了更深入的认识和理解，真是收获颇丰！

4. 展示了自我

基本功教学展示活动不仅为每一位一线教师提供了一个展示自我的平台，更为大家提供了一个学习交流的机会。

每一个人从小到大都要经历考试，而我们每个人的各种本领也往往是在一次又一次的考试中获得并掌握的。因此，考试是促进人们进步的最好催化剂。而本次的基本功展示活动就像考试一样，督促着我们每一个人都在努力前进。在这个过程中大家彼此互相认识，互相学习好的教学经验。许多老师在这次的比赛中脱颖而出；而我自己也借助着这个平台，向市里的老师和同行老师们展示了自己的教学水平，最终以北京市教学基本功大赛一等奖的好成绩完美收官！

人的一生中有很多事情会被我们遗忘，也会有一些事情被我们终身记忆。能够久久萦绕在心间的事情，一定是让我们有过刻骨铭心经历的事情，正如这次参加北京市教学大赛的经历一样。它是我人生旅途中最重要的一个经历，这个过程虽然是痛苦的煎熬，但是其结果却是让我以跨越式的速度向前迈进，这样的结果令我深深觉得之前的付出是值得的。真正经历过这种心路历程后，这样的事情当真是难以忘怀。比赛虽然结束了，但是和因此而得到的提高以及对教学的全新理解与认识，却令我受益终生。

三、磨出来的精彩

如果说北京市教学基本功大赛是一个选拔优秀教师的平台，那么，我就是这平台上最幸运的人。2010 年，北京市基础教育研修中心的贾美华主任带领着她的团队，走进了史家小学对学校进行全员督导。之前得到消息说，贾主任点名要听我的课。听到这个消息，我当时心中多少是有些紧张的，但是我也深深知道，贾主任的这次听课对我更是一个展现自己的机会。于是，我精心备课，教学设计改了又改，并且根据教学设计还设计制作了对应的教学课件。当贾主任走进我的教室时，我自信满满。记得当时我上的是《辉煌的电影时代》一课，我巧妙地用老胶片代替年代尺，在每一个胶片旁标注下电影的重大成就与进步，恰当地把教学目标与单元目标融会贯通，教学重点突出。最值得一提的，就是两段同一部主题、不同时期拍摄的影片片段，在课堂上播给学生看，学生自己就发现了电影的发展与科技有着密切的关系，感悟到了电影的发展之快、变化之大是难以想象的，教学重点轻松解决了。

课后，贾主任把我带到了校长室，当时自己心里七上八下，也不知道接下来的评课贾主任会说什么，而且还要当着校长面评课，当时的紧张就别提了。当走进校长办公室后，贾主任向校长首先肯定了我的课，她表示，这节课内容丰富，贴近学生，设计流畅，教学重点和难点突出，教学效果不错，随后又给出了一些好的建议。这时我心里的石头总算是落了地，可是没有想到，贾主任马上话锋一转对校长说："小郭，表现不错，进步也很大，而且在北京市教学基本功比赛中表现也比较突出，明年有一个品德与社会学科的全国比赛，我想让小郭代表北京参赛！希望校长能够同意并支持!"贾主任的一席话，让我惊呆了，后来再说了什么我已经不知道了，只知道我有机会代表北京市去参加全国比赛，这是对我十多年教学工作最大的肯定，当时心中被兴奋、快乐、满足填得满满的!

接下来备战全国比赛，让我又一次陷入到煎熬与磨砺中。从一开始选课，我自己的意见就和市教研员老师不一致，经过几次讨论、试讲后，最终放弃了最初的选题，将课题最后确定为《丰富多彩的民族节日》。

就这节课的教学设计，先后修改了十几次，最终确定的教学方案已经与最初的方案完全不一样了。记得当时，每一次的教学设计后，都要进行试讲，试讲后要根据上课的实际情况进行修改，最初的设计以小组表演为主要形式，我则发挥自己是少数民族的优势身着民族服装上课，但是几次试讲都不成功，于是最终放弃了这个教学方案。这就意味着要重新设计，这可不同于教学设计的修改，这是要推翻所有的想法，重新设计一个全新的教学方案。这无疑是非常困难的，但是我没有气馁，投入到新方案的设计中。在经过反反复复的推敲与思考后，我拿出了新的设计方案，并请教研室的黄薇老师帮我把关。在黄老师的指导下，我再次进行试讲，教学效果有了明显的提升。考虑到全国比赛的地点是在江西，参赛选手要异地教学，学生也是江西当地的，所以，黄老师提出，不能在自己的学校里试讲，不能用自己的学生，应该尝试着到不同的学校去试讲，看看教学效果如何。于是，在黄薇老师的帮助下，我先后走进东四九条小学、和平里第四小学、丁香小学、丰台五小等多个学校进行试讲。一时间我穿梭于北京市各个区县的学校之间，进行试讲、反思、修改教案。当黄薇老师认为教学效果不错的时候，请来了市里的教研员老师听课，课后，市教研员老师提出，江西是一个少数民族分布很少的省区，如果上课班中一个少数民族孩子都没有，恐怕就不会有这样的教学效果了。一句话让我看到的希望破灭了，没

参加全国教学大赛

办法，教学设计还要再推翻了全部重新来。这时，我也从最初的喜悦与自信转变为沮丧和不自信了。我自己曾经一度茫然不知所措，不知道这节课到底应该怎样上了。在我最困难的时候，是黄薇老师一直陪伴在我的身旁，给我打气，给我鼓励，并且耐心地帮我重新梳理思路，重新做教学设计。就这样，我的教学设计反反复复修改几十稿，最终，确定了下来。此时的教学设计环节，没有了奢侈的教具，没有了流于表面的形式，没有了表演的痕迹，更多的是扎扎实实的教学引导。看上去朴素得不行，可是却能适用于所有地区的学生学习。就这样，我带着这节最朴实无华的课，走上了前往江西比赛的路。

2011 年 11 月，在江西，我代表北京市品德与社会学科出征。这次比赛，是首师大版教材与人教版教材均可参加的第一次全国性比赛，与会者遍布全国近 30 个省区，共计 3000 余人。当时大赛分成两个赛场，每一个赛场大约有听课教师 1500 人左右，其场面是极为盛大的。为确保比赛的公正性，赛前，所有参赛老师只能提前一天见学生，且时间不能超过 30 分钟。在这 30 分钟的时间里，我要摸清学生的相关基础知识状况，要了解他们对少数民族的认识程度，要跟孩子建立良好的师生关系……可以说这 30 分钟对于参赛的老师们来说真是太宝贵，太重要了。之前，我也为这 30 分钟做了精心的准备，为最后赛课做了重要而充分的准备。

比赛当天，也并不是很顺利，先是会场老师带错了班，后是黑板出现状况不能书写……总算一切都得到了妥善的解决，终于轮到我上场了，当我面带自信的微笑走上讲台的时候，我心里、眼里就只剩下跟我一起学习的 30 多个孩子了。周围 1500 人的听课教师似乎已经被我和学生屏蔽了，没有预想的紧张，反而是非常的放松，好像几个月的磨砺全都转化成了动力与兴奋，我顺顺利利地跟孩子们完成了整个教学过程。当"下课！起立！"的声音响起时，热烈的掌声响了起来。我想我终于顺利地完成了这次比赛任务。随后，很多外地的老师们跑到讲台前，对我的课给予了高度赞扬，并要求与我合影留念……

这一次，全国比赛的经历，再次让我有了质的飞跃，让我有机会重新审视自己的日常教学，让我重新反思自己的教学观念，让我不断地在反思中进步，在思考中走向成功！

第六章

做一名优秀的品德与社会教师

第一节　做个有心人是基本素养

1994 年是我走上地理课堂的第一年，那一年，我成为一名正式的地理、历史教师。那时候，地理历史课就是我非常喜欢的学科，能够成为这两门课程的教师于我来说一种幸福，更是一种幸运。也正是因为这份喜好，促使我对这个学科投入了更多的感情，我注意收集各种各样的教学资料，无论是图文的还是实物的，都是我收集的对象。每一次外出旅游，都会带回很多有意思的东西。记得我从新疆背过沙子，从陕西带过黄河水，从海南采回过皂角，从云南收集过蝴蝶标本……这些都成为我课堂上精彩的教学用具，这促使课堂变得更加丰富多彩。

随着课程改革的实施与推进，1996 年社会课逐步取代了过去的地理历史课，我成了一名社会老师。社会学科与传统的史地学科完全不同，它有着非常鲜明的社会性、综合性。教学的内容也从原来的地理范畴、历史范畴，扩大到了地理、历史、家乡、祖国、自然常识、法律法规等多个领域，这就要求我们的课堂必须发生转变。于是我认真思考，如何上好社会课。首先我想到的就是，从课程题目上看，这门课程叫社会课，那么就一定要求我们要关注社会，要能及时把社会信息与学校教学建立关系，换句话说，我们的学校教育要走出去，要有吸纳和融汇社会信息的意识。为此，我开始关注新闻、多看报纸，并且开始做简报收集的工作。在我看来每一份报纸、每一条新闻对我们的课堂都是非常有价值、有意义的。教科书是滞后的，每一天发生的事件才是最真实的，才是最贴近生活的。为此，不仅我自己做简报，还开始把我的简报中重要的信息在课堂上读给孩子们听，并会给孩子们一些讨论和发表意见的时间，慢慢的，我的课堂真的成了名符其实的品德与社会课。

记得第一朵玉兰花开的新闻，成为介绍"北京气候"特点的教学导语；记得第一次沙尘暴的新闻，成为"保护环境"课堂上的讨论话题；记得人们解救受困在北冰洋中蓝鲸的新闻热点，成为孩子们认识"极地气候"的教学切入点……一个个真实的社会信息，有趣新闻为我的教学带来了诸多的灵感，让我的课堂变得更加贴近生活实际。

2006年，对于承担社会学科教学任务的我来说，无疑又是一个巨大的挑战。社会课再次在课改中被修改，正式改为品德与社会学科。我又从社会老师转身变为品德与社会教师。转眼间，作为一名品德与社会教师，我已经走过了十年的历程。在这十年中，尽管课程改革在不断地实施进行着，尽管教学的内容在不断地发生着变化，尽管教学的理念在不断地翻新，但是做一个工作中的有心人，才能更好地驾驭课堂这一点始终没有改变。

一、用心看

作为品德与社会学科教师，要善于观察，要会观察周围的人、周围的事、周围的自然环境、周围的社会变化。这样的观察可以让我们更好地融入学生的生活中，可以让我们的课程更加贴近学生的生活。书本的知识是符号的世界，学生学的是间接经验，如何帮助学生把这些间接经验转化为可运用自如的直接能力，这就需要我们给孩子创设一个从符号世界走向真实生活的通道，而细心的观察将会为我们找到通道的起始点。

在史家小学有一棵大槐树，这棵大槐树是史家小学学生们最美好的记忆之一，孩子们在大槐树下学习、游戏、结识新伙伴、入队……这棵树是所有史家人心中难以忘怀的记忆风景。一届届毕业生就是寻着槐花香再次回到母校，探望老师、追忆童年的。2005年，史家小学搬到了现在的高年部，学校特意在一区广场上又种下了一株大槐树。对于这棵树，我也情有独钟，因而也少不了对它的关注。慢慢地我发现，每年四季大槐树都会有不一样的景色，春天的绿、秋天的黄、冬季的银装素裹都是那么的美丽。于是，我开始用手中的相机拍摄大槐树四季的美景，不仅自己拍，还请电教老师帮我一起拍。两年后，在电教老师的帮助下，我得到了校园里四季美景的照片。这样的照片为我后来上《京城四季歌》这节课增加极大的亮点。在课堂上，当孩子们看到身边所熟悉的校园四季是如此的不同，景色是那样美丽的时候，他们一下子感悟到了京城四季的不同，感悟到原来每天生活的校园是这么的美丽……课堂一下就备受学生关注了，孩子们学习的积极性被调动了起来，他们以此为切入点结合自己的生活展开丰富的联想，一下把生活中能够反映四季特点的事物全部找到了！

"老师从我家的猫身上也能看到四季的变化，春天开始猫猫会慢慢地脱毛，夏天掉毛最厉害，秋天开始它们就不怎么掉毛了，到了冬天猫猫身上的毛变得特别厚，这说明夏天特别热，冬天特别冷，小动物的生活习性也是要适应自然环境变化的……"

"老师！冬天的时候，我们都吃烤白薯，夏天要吃大西瓜和冰激凌，春天有樱桃、草莓，秋天吃葡萄、柿子……水果也是有季节的，说明我们的生活也要适应自然环境的变化……"

就这样，这节课上，孩子们不仅仅知道了北京四季的特点，还发现了人与环境之间的密切关系。这样的课把书本上冷冰冰的知识，变成有意思的生活，其中的奥秘可以在生活实例中找到答案，这样的课贴近孩子，符合学生的认知规律，丰富有趣，同时极具特色。

因此，做一名会观察、善于观察的老师非常重要。

二、用心听

品德与社会课程是一门塑造人心灵的课程，这就要求作为这门学科的教师要善于倾听，要会用心去听。既要听孩子的心声，更要听能为我们的课程所利用的信息。

（一）会"听"孩子

有一句话叫做"童言无忌"，的确在很多时候孩子们的思维与我们成年人有着很大的差异。他们思考问题的角度、看待事物的出发点等等，都是与我们不一样的。因此，在课堂上如果遇到了"童言无忌"的孩子，教师一定要记得不要马上否定，要能够给孩子一个解释的机会。而这就需要老师们有一颗能够听懂孩子的心。

在我曾经任教的班级中，有一个小女生给我留下深深的印象，尽管这孩子已经毕业很多年，可是在她身上发生的事我却久久不能忘记。

记得那是我讲《身边的环境问题》一课时发生的事情。在课堂上我像往常一样问孩子们："在我们的生活中应该如何做，才是保护环境的行为呢？"其实对于这个问题已经是一个老生常谈的话题了，大多数的孩子都会讲到一水多用、多植树、不乱丢垃圾……但是这次却有了全新的答案。

当时，这个问题一问出来，这个平时不爱发言的小姑娘突然把手举得高高的，这可是在我的课堂上从来没有过的事情，当时我看到一个平时不

北京市教学展示课——《争做环保小卫士》

言不语的孩子积极举手，当然要把这机会给她呀！于是，我叫起了她，谁承想她给出的答案令我意外之极。她说："要想做到环保，首先要做到的就是少离婚！"

听到这个答案，意外的不仅仅是我，还有在座的所有同学。孩子们都大声地说："什么呀！离婚跟环保有什么关系呀！""净瞎说！""老师问的环保的事情，你怎么说离婚啦！没听讲吧！"……顿时，安静的教室沸腾了，孩子们说什么的都有，就是没有支持她的。看到这种情况，这个平时少言寡语的小孩子突然坚定说："就是！就是！你们不懂！"对于这样的情况，我突然觉得这孩子背后一定有故事，作为老师一定要给孩子一个机会。于是，我马上制止了同学们的议论，让这个小姑娘说说自己的理由。只见她大声地说道："因为不离婚，所有的家具、生活用品、房子都可以是一套，可是离婚了就要两套，当然是一种浪费，一家人用的东西，要变成一个人用，这就增加了生活的成本，排放的二氧化碳就多，这难道不是浪费吗？不是对环境的破坏吗？"

她的一席话让我陷入了沉思，对她的观点我不得不说确实有几分道理，而且这也是我从来没有思考过的问题。于是，我先肯定了孩子积极发言、敢于表达的做法，然后告诉孩子对于她提出的这个观点老师也要去查查看看，再回答。就这样一节课结束了。

课后，我迫不及待地上网搜集有关信息，结果，真的被这个小姑娘言中了。在英国的一所大学，确实有一个实验室做过这样的研究，他们对3000多个家庭进行了有关离婚后碳排放的调查，结果显示离婚家庭每年的碳排放量多于不离婚家庭的60%，看来离婚确实对环保不利呀！得到了这个答案，我不禁想自己平时对这方面关注的还是不够，作为一个合格老师，应该具备一桶水，才能让孩子随意地取出一杯水，显然，现在我的一桶水还不够满呀！可是转念一想，我有想到了一个问题，这就为什么这个孩子会关注这样的一个话题呢？为什么对离婚如此关注呢？孩子背后一定有故事。随后，我找到班主任老师，了解孩子的有关情况。经过一番与班主任的长谈我才知道，这个小女生其实很可怜。她的爸爸得了严重的病，妈妈没有办法只能出国打工挣钱来支付爸爸的医药费。孩子平时就是跟着奶奶和生病的父亲一起生活，奶奶不识字，又要照顾生病的父亲。小小年纪的她过早地承担了家庭的重担。她早就开始自己打理生活，水电费的支付、上学缴纳学费、给爸爸买药、每个月接受妈妈的汇款……所有一切的事情，都是孩子自己狙立完成。转眼间，几年过去了，爸爸的病不见好转，拖垮了家里，常年在外工作的妈妈不愿意再回来，要离婚……孩子心理极为敏感，不愿意让爸爸、妈妈分开，为此做了很多的努力。

知道这些后，我开始关注这个孩子，给她更多的照顾，更多的关心，鼓励她上课多发言，鼓励她多跟同学们接触，在上课中遇到有关家庭主题的学习内容，我也尽量的合理安排，尽力做到不伤害孩子幼小的心灵……就这样，她在我的课上，再也没有出现过不完成作业的情况，课堂上她也能像大多数学生一样大胆发言了。

作为老师如果能够听懂孩子的心，就会让孩子展露最灿烂的笑脸。

（二）会"听"信息

中国有句老话："说者无意，听者有心。"其实，作为一个教师，特别是想要成为一名有创造力的教师，就要做到"听者有心"。在现在的课改洪流中，各种课改信息充满视听，很多人会把这些当做新闻听一听就过去了，但是我们发现，那些会听的人，就会从中获取重要信息，获取许多的教育灵感，从而促进自己的教育教学工作，使自己的工作有建树、有特色、有新意。成功的人都是会听信息的人。

在第一部分中，我详细为大家介绍了我们的国博课程，应该说我们的国博课程所取得的成绩是非常突出的。但是在第一次与国博社教部工作人员的接触中，如果没有听出其中的关键信息，恐怕这样的合作与成绩是难以达成的。

2012 年 5 月底，学校为了筹备重要的六一儿童节庆祝活动，东城区教委为我们请来了国家博物馆社教部的两位工作人员，这是我第一次与他们见面，记得当时在互相介绍身份的时候，国家博物馆社教部的黄琛主任就说了这样一句话："认识您很高兴，我们国家博物馆一直希望能与史家小学有合作的机会，今天我们终于认识了，希望将来能够有更多的机会一起合作！"这句话于很多人来说更像是一种客气话，但是对于我而言则是从中听到了一种机会。所以，在六一儿童节之后，我就开始酝酿如何利用国家博物馆资源来上好我们的品德与社会课，经过一个假期的思考，在 2012 年 9

月，在得到学校首肯与支持的前提下，我走进国家博物馆找到社教部的黄琛主任，表明自己的想法，希望能够与国博在学科教学方面有更多的合作，希望能够上具有学科特色的博物馆课。我的这一想法得到国家博物馆宣教部领导和老师们的认可。随后，9月28日，史家小学五年级的学生第一次有组织、有计划、有目的地走进国博，开始了不一样的品德与社会课学习。

这是我们和国家博物馆的第一次合作，为了能够真正地落实博物馆课程，摆脱传统的以参观代替所谓博物馆学习的普遍问题，在上课前，我带着品德与社会教研组的老师们多次走进国家博物馆进行一起备课，双方一同进行课程实施方案的探讨，一起确定恰当的展品，一起选择合适的授课场所，一同备课、一同撰写教学设计……教学方案细化到每一句话，每一个环节，甚至是每一分钟。在这样多次的磨合之后，终于开始了第一次国博授课。这次课由我的徒弟佟磊老师主讲，选择了双师授课的尝试，是一次真正的、带领学生进行的博物馆学习。博物馆的讲解老师与学校老师一同合作，共同完成这次学习活动。

同时，这次课我大胆地请来了家长志愿者，同学科的老师、博物馆的社教老师等等，一起听课，一起评课，一起反思，一起修正还存在的问题。这次课获得了巨大的收益，这样真正的博物馆学习也得到了家长的一致认可与支持。

第一次的国博课程，正好遇到中央电视台百年国博剧组进行的《百年国博》纪录片的拍摄工作，我们的第一次国博课堂还有幸成为镜头中的风景，这一次偶然的相遇却记录了我们合作的起点！

一次用心的倾听，会带给我们更多的机会，会带给我们不一样的教学思路，会带给我们全新的特色课程。所以，作为一名老师学会用心去倾听非常的重要！

三、用心做

"用心做"，顾名思义，就是做事情要花心思，要动脑子，要眼勤、手勤、脑勤，只有这样才能做好一件事情。

记得刚刚做地理历史老师的时候，有一次我要讲授《煤海和棉乡》一课。这节课的主要内容就是认识黄河中下游地区的物产有什么，知道山西、陕西是煤海，华北平原是棉乡。其中，棉花对于学生们来说既熟悉又陌生。那时候，穿棉衣还是挺普遍的，所以对于棉花学生还是有所了解的，但是对于生长在地里还没有采摘的棉花是什么样子，从小生活在城里的孩子们是不知道的。为此，我利用休息的时间，走进京郊农村，亲自去棉花地里采摘棉花，带回来很多棉桃，在课堂上为学生预留了一个小环节，这就是认识棉花，自己亲手摘棉桃。当一个个挂在枝条上的棉桃出现在课堂上的时候，孩子们激动得不行，纷纷举起小手，要求试一试，课堂一下子就活跃了起来。孩子们摘完棉桃后，我马上让他们仔细地摸摸采下的棉花，看看有什么发现。结果孩子们惊讶地发现这些棉花里面有一个个硬硬的小疙瘩。"这是什么？"孩子们好奇地问我，我笑着对他们说："这就是棉花的种子，所以刚刚采下的棉花还不能直接使用，是要经过脱籽处理的，去籽后的棉花叫皮棉，这种有籽的棉花叫籽棉。同学们，你们知道这些棉花老师是从哪里采到的吗？"这时再告诉孩子，就是在我们生活的华北平原上。一下子华北平原是棉乡的概念就在孩子的心里扎了根。很多年过去了，当年的孩子在回学校探望母校的时候，遇到我还说起这个事。看来充分调动孩子的兴趣，互动参与的课堂才是最令人难忘的课堂，而这样的课堂是需要我们用心去设计、去创造的。

1996 年，地理历史课取消了，社会课登上了历史舞台。我从一名史地教师变身为社会教师，所教授的学科虽然改变了，但是用心做事的工作作风并没有变。面对每一节课，我都会认真思考，找到与孩子生活相吻合的切入点。

当时有一个教学内容是介绍春节，为了能上好这节课，我想首先要把孩子带入到一种过春节的氛围中，在这样的情景中引领着学生回顾春节的场景，回忆春节的习俗，再去讲这背后的故事，才能真正地让学生了解中国传统节日习俗的真正内涵。为此，我找到新年乐曲《步步高》，学着做灯笼、学着画年画……在做了充分地准备之后，我和学生在小小的教室里一起"过大年"。课堂与孩子的生活融合在了一起，孩子们在我的带领下，在《步步高》喜庆乐曲的伴奏下，亲手做灯笼，亲自画年画，自己写春联……短短的 10 分钟，就把教室布置得像过年一样。然后，我在这样的氛围中跟学生一起探讨春节里的习俗还有什么、为什么会有这样的习俗等话题。孩子们聊得开心，参与的热情高涨，在喜庆洋洋的氛围中，一节课的教学重点、难点轻松解决，小学任务顺利完成。

用心做事会丰富自己的阅历，增长自己的技能，改变自己课堂，让每一个孩子都爱上我的品德与社会课。

《煤海和榇乡》《春节和中秋节》这两节课得到东城区教师研修中心黄薇老师以及市级教研员老师的认可，先后在全区、全市进行展示。

第二节　创新是不可或缺的精神

创新是一种精神，作为一名老师，特别是品德与社会教师，具有创新精神是至关重要的。无论是以前的社会课还是现在的品德与社会课，都具有社会性、综合性、实践性的特点，所学习的内容是与社会发展紧密联系的。因此，教材一出版实际上就已经滞后了，因为我们的社会每天都在发生着变化，所以品德与社会教师不是教教材，而是要用教材去教。这就要求我们的老师要能够创造性地使用教材，要有意识地将我们的课程内容进行拓展和延伸，只有这样才能符合时代的需求，才能符合孩子们的需求。

在我讲授六年级《争当环保小卫士》一课的时候，我有意识地把教学内容与学生的现实生活有机融合。学校每天的早餐和午餐中经常会有盒装奶制品，每天所生产的废弃利乐包装多达近千个，我把这种校园现象拍成照片，在课堂上放给学生看，问问他们面对这样的现状有什么好办法。针对这些利乐包装，孩子们做出了五花八门的回答，极具创造性。看看学生们的解决方案：

方案一　将利乐包收集起来，清洗干净，全部拆开，晒干后进行拼贴，变成一大块。因为，利乐包装一面是金属的，一面是纸的，所以可以将纸的一面朝外，借助金属反光性好的优势，把它放在汽车里代替遮阳板遮阳，这样节省钱，又环保，还能解决阳光照射车子产生高温的问题。

方案二　将利乐包收集后，利用金属面反光好的优势制成遮阳伞，送给学校的保安叔叔，这样就可以让保安叔叔在站岗的时候不挨晒了。

方案三　利乐包不透水，把奶盒剪去一半，留下下面的一部分，就可以当成小花盆种花了。

方案四　把旧的利乐包收集后清洗干净，充好空气封好口，就可以替代包装箱中的防磕碰的填充物。

……

看着孩子们的奇思妙想，我大胆创意，提出组织学生们开展一次"小奶盒七十二变"的主题实践活动，孩子们不仅可以提出"小奶盒废物利用"

的设计方案，也可以画利乐包的科幻画，之后对学生的创意设计进行评比，选出最佳创意奖等。一下子，孩子们的热情高涨，各种变废为宝的好设计纷纷出台。一次大胆的课程创新，给了孩子们一个大大的舞台，这样的环保课，孩子们有参与，有思考，有创新，课堂变得更加生动有趣。随后，"小奶盒七十二变"的活动在整个六年级 500 多学生中展开，很多孩子不仅仅有自己的设计方案，还有的亲手进行制作。其中，有两个学生自己尝试拍摄了学校里小奶盒的环保纪录片。他们自己写脚本、自己设计场景，自己进行全校利乐包回收情况的调查……看到孩子们如此的投入，于是我主动参与其中，帮助孩子们解决拍摄过程中遇到的各种问题。并且通过各种网站、环保机构联系到了中国环保第一人封宁叔叔。我带着孩子们来到封宁的环保小屋，在这里孩子们看到了利乐包做的家具、利乐包做的玩具、利乐包做的文具……一下子就震惊了，原来利乐包可以有这么大的用途，于是他们认真的向封宁叔叔请教，了解利乐包回收的方法，了解利乐包的重要用途，并且把这些都拍成了环保宣传片。在经过几个月的努力之后，第一部孩子们自己编导的环保小片问世了。小影片在全校进行播放，引起了全校学生的关注，也得到了家长和孩子们的极大认可。环保不再是说一说的形式，而是真正地落在了实处。

随后，"小奶盒七十二变"的活动参加了全国科技创新大赛，并获得全国二等奖。孩子们自己拍摄的环保宣传片《身边的利乐包》也在全国青少年影像节评比中获得全国二等奖。

创新我们的课堂，既是给自己一个机会，更是为学生提供更多的机会，老师有创新意识，学生才会成为创造型人才。

继"小奶盒七十二变"的实践活动后，我的品德与社会课堂没有停止不前，而是继续不断地创新着。在随后的课堂上，孩子们又给我带来灵感，又一个不一样的学习活动开始了。

一、一个问题引出的一个主题

在环保课上，我和孩子们一起讨论"身边的环境问题"都有什么，一个孩子们普遍关注的环境问题引起了我的注意。这就是学校周围的道路上宠物粪便过多，很多孩子们都有过踩到狗粪的经历。对此，孩子们非常不满意，而且还戏称学校周边的马路是"地雷街"。课堂上看着孩子们兴奋地说着自己看到的情况，以及笑着同伴们踩到狗粪的经历，我觉得这是一次难得的引导孩子们开展实践探究性学习的机会。

于是，我问孩子们：面对这样的一种社会环境，我们大家都不满意，而且也确实给我们的生活带来了不便，那么大家有什么好的解决办法吗？针对宠物粪便如何处理的问题，孩子们展开了积极的讨论，他们各抒己见，有的说要求养犬人必须自己捡拾粪便扔到垃圾箱里，有的说限制养犬，有的说可以给养犬人发放宠物便便袋，有的说可以在小区里修一个宠物狗狗的公用卫生间……面对着孩子们一个又一个的想法，我适时地提醒孩子们思考：你们的方法可行吗？如果真的实施起来会有什么困难呢？效果又会如何呢？接下来，我让孩子们以小组为单位到学校所在的社区先进行调查，了解一下自己的解决方案是否已经在推广和使用的，是否具有价值……时间为一周，回来后我们大家再一起交流，看看自己的方案是否具有可行性。于是孩子们开始了第一次的社会小调查，他们走进社区，进行采访，实地考察，不仅仅是在学校所处的社区，甚至是自己家所在的社区，他们都会进行调查。一周后，孩子们回到课堂上，纷纷汇报自己的调查结果，结果发现，他们所想到的很方法在很多社区都已经开展了，但是效果都不好！所以，同学们第一次讨论的多个方案都不理想。那么问题到底出在哪里呢？

我把目光锁定在了学生的调查报告上，我和孩子一起分析，这些方案实施不成功的原因，结果发现，这些方案不管是怎样做，宠物粪便依然是垃圾，没有将其进行再次的利用。那么，宠物粪便真的就没有任何用途了吗？记得有一位环保专家说过"垃圾就是放错地方的资源"，那么，狗粪这种垃圾到底能不能成为一种资源呢？

环保实践活动——测量用自制宠物肥料种植的花卉

带着这样的问题，我和学生们一起开始进行了思考，并且一起搜集信息，查阅资料。随后，我为学生找来了废塑料瓶制成衣服、利用鸡粪发电等相关资料的视频，在课堂上介绍给学生，看了、听了、了解了这些之后，孩子们的思路好像一下子就打开了，在随后的讨论中，马上就有学生提到："我在和家人去农家乐采摘的时候，妈妈说，那些蔬菜和水果特别好因为是用农家肥种出来的。农家肥就是用人的粪便等东西沤成的，那么狗狗的粪便是不是也可以沤成肥料种东西呢？"这个孩子的话引起全班同学的笑声，还有一片嘘声，可是却令我产生了兴趣，我觉得孩子们的想法是有一定道理的，而且也确实是将废物进行了再利用。于是待班中孩子们平静之后，我极大地肯定和鼓励了这个孩子，并且说："要想知道你的想法行不行，我们要通过试验来进行证实，你愿意试试吗？老师也会加入到你们的试验中！"这个孩子很高兴，于是在班中又找了一些愿意与他一同研究的同学开始了他们的实践活动。

二、一个试验带来的一个实践活动

（一）试验阶段

首先，老师和学生一起制定了试验的方案，准备了各种试验用的工具和材料，并且一同到社区捡拾狗粪，以便试验使用。随后，学生在老师的帮助下，将收集到的少量的宠物粪便与土壤、水，按照1：1：1.5的比例放在花盆中进行沤肥实验。在经过大约40天的时间后，我们得到了第一盆自己制成的宠物肥料。那么这个肥料能不能进行植物的种植使用呢？我再次和孩子一起进行了花卉种植试验的研究。我们将宠物肥与普通的土按比例进行掺兑，制成宠物肥土。然后用该土做花卉种植的底肥，开始进行花卉种植实验。同时，种植无肥花卉，以用于花卉长势的对比观察。整个实验过程中，学生对花卉长势的情况进行数据的记录。通过记录的数据可知，宠物肥花卉在经过大约5天后，开始出芽，且出芽数量比较多，而无肥组则大约在7天左右的时候开始出芽，且出芽数量数量比较少（种植时选用了相同的花盆、花种且花种的数量相同）。在随后的观察中，发现宠物肥花卉长势远远超于无肥花卉，且花的叶片比无肥花卉的叶片大、厚、绿。实验证明，宠物肥是可以用于花卉种植的。

在这个过程中，主动加入这个试验队伍中的孩子越来越多，他们自己进行了任务的分工，每天都有学生对花卉的生长进行观测并记录数据，最终通过试验观察和数据分析，孩子们知道自己的试验成功了。此时他们非常高兴和自信。在实验取得成功后，我开始鼓励学生将我们的方案向社区进行推广和宣传，争取能够在社区中将这一方案实施。

（二）推广阶段

在活动的推广过程中，同学们首先自己设计了活动的宣传口号和活动的招募启示，利用学校红领巾电视台在全校进行宣传和队员的招募工作。活动由一个学生发展到一个试验小组再到一个班，最终为一个学校，从而组建了"小天使"环保社团。

随后，学生利用网络系统查到自己家和学校所在的社区居委会和街道办事处的联系方式，并前往街道办事处与工作人员协商活动开展有关事宜。这一举动得到了家长的大力支持。在与工作人员协商后，活动正式在社区里启动了。

在与社区居委会达成共识后，我们在进行活动的社区内建起了宠物粪便回收池，开始了宠物粪便的捡拾以及沤肥工作。"小天使"社团的负责人赵晴同学将成员进行了分工，每5人为一组，轮流到社区内进行粪便的捡拾工作。同时，对社区内饲养宠物的居民进行监督和提醒，请其将自己家宠物的粪便投入到指定的宠物粪便回收池内，从而帮助宠物主人养成良好的习惯。宠物粪便回收池分成左右两部分，可以轮流使用，一边回收，一边沤肥，互不影响。沤肥的时间根据季节而有所不同，在春秋季节大约为40天，夏季为30天左右即可。为了鼓励饲养宠物的居民，同学们还会通过观察进行记录，找到社区内积极参与活动的居民，并向其赠送宠物用品作为奖励，以此来鼓励社区居民的参与。沤好的肥送给社区绿化队，用于社区花卉种植使用。

活动在实施了 3 个月后，社区居委会表示，同学们的行动明显地改善了社区的环境，宠物粪便明显减少，而且很多老人自发地组成宠物粪便捡拾的义务工作队，在孩子们上学和不在的时间里，他们接过了这项工作，现在社区的宠物粪便问题已经得到了明显的改善。

（三）成绩展示

在活动中，从开始的发现问题，到寻求解决方案，到制订计划实施方案，到实验研究，再到成功扩大……所有的活动都是学生自主完成的。学生主动参与、自觉实施，整个活动学生们都是在积极地实践、体验中完成，他们充分利用信息技术进行信息的收集、分析、宣传、数据分析……最终得出自己的结论，促使活动取得成功。在这一活动的过程中，学生们的探究能力、自主学习能力、交往能力、分析和解决问题的能力等综合能力有了极大的提高。

"收集宠物粪便制成有机肥绿化小区"综合实践活动，得到了社会广大居民的认可与支持。活动先后在中央电视台、北京电视台早间新闻、中国教育电视台等媒体多次报道。同时，我们的活动还得到了中国青少年发展基金会的认可，获得了全国青少年公益创想评比最佳奖。活动的发起者——吴雪阳、赵晴、黎明睿、石淞源等四名学生应邀前往上海世博会，与来自于马来西亚的同学们进行分享和交流。活动具有较大的社会影响力，这促使小组成员吸纳了更多的社区居民参与到行动中，为创建绿色北京做力所能及的事情。

三、一个经历促进了一生的成长

活动中，孩子们也遇到了很多没有预设到的困难，面对困难他们不仅有过动摇，更有过退缩的打算。但是，在老师和家长的支持下，他们克服了各种困难，终于取得了成功，这样的经历将促进他们一生的成长。

例如：修建宠物回收池的费用没有出路；活动遭到社区居民的拒绝；花卉种植试验的时候，由于没有种植经验，导致花卉种植不成功，学生难以分清是种植技术问题还是宠物肥料的问题导致花卉种植失败。

面对这一个又一个意外的问题，孩子们想尽了办法。没有经费，他们想到收集废旧物品变卖换来经费、找家长募捐等等，但是最终，老师鼓励他们自己撰写活动计划书参加全国比赛，以赢取项目资金。方案在经过多次修改后，最终获得了全国最佳公益创想奖，赢得了 5000 元的项目资金，解决了经费问题。

为了赢得居民们的认可，孩子们找到居委会，请居民代表帮助与不配合的居民沟通，并且身体力行，主动帮助他们捡拾狗粪并投放到指定的地方，最终赢得了居民们的认可。

花卉种植试验不成功，学生们多方打听最终联系上了北京植物园的专家。他们带着自己种植的花卉到了北京植物园，请专家"鉴定"，当得到"你们的土壤没有问题，问题主要出在选盆、育苗分盆以及种植管理方面"的答案时，孩子们激动不已，随后向专家请教了花卉种植的技术，最终促使试验取得成功。

在经过这些磨砺之后，孩子们获得成长的深切感悟，这是他们的话：

"通过这次活动，我知道是做公益不是简单的捐钱、捐东西，而是要做真正有意义的事情！"（赵晴）

"真正去做了才知道我们认为对的、好的，别人不一定会接受，我们要做的就是通过自己的努力得到他们的认同，并加入到我们之中！"（黎明睿）

"想要做好一件事情不是一帆风顺的，会遇到很多的困难和挫折，我们要勇敢、要坚持！"（吴雪莹）

四、一次师生共同参与的活动引发的一次深入思考

"将宠物粪便制成有机肥绿化小区"的综合实践活动，以科学的实验为基础，以参与社会生活，关注社会问题，培养社会责任为落脚点。学生在活动中获取了许多课本上学不到的知识、科学的研究方法，以及科学严谨的科学研究态度。在沤肥实验中，学生们要捡拾狗粪，这对于从小生活在条件优越的城市家庭的孩子们来说可是一种考验。但是孩子坚持了下来！在花卉种植的实验中，孩子们精心的护理着自己种植的花，责任意识明显提高。在走进社区的活动中，学生们面对着形形色色的人群，他们经历了支持和鼓励，也经历了拒绝和排斥。当他们怀着一颗为他人服务的心、为社会服务的心去进行活动而遭到拒绝，是他们在自己的生活中从来没有遇到的情况，他们觉得委屈，觉得伤心，觉得为什么大人们不理我们，我们是为了大家好为什么还要受到置疑和批评。这样的挫折教育是学生们从来没有经历过的。为此，教师为学生上了心理疏导的课程，组织学生参加了义工精神培训，帮助孩子们解决发生在身边的实际问题。慢慢地，他们知道了如何处理复杂的人际关系，学会怎样与他人进行沟通，明白了如何做才能让自己的计划和想法得实现……活动更多留给学生的是做人的道理，是适应社会的方法，是在学生心中埋下了责任的种子。

创新我们的思维，改变我们的课堂，就会有意想不到的收获。品德与社会课程的宗旨就是要引导孩子在社会生活的过程中，养成良好的道德品质。这样创新的课堂促使我们更好地实现课程目标。

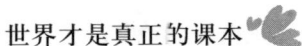

组织的环保活动在世博会上接受马来西亚电视台采访

"收集宠物粪便制成有机肥绿化小区"的活动后来走出了史家小学、走出的东城区、走出了北京市，走进了世博会！宠物粪便绿化小区的项目还被中央电视台少儿频道报道，同年，这一活动在全国创新大赛中获得十佳优秀科技实践活动奖。

第三节　热情是做好工作的动力

我认为热情是一种态度，即对待工作是否能够主动承担，有积极参与的态度。每个人对待自己的工作是否有热情，可能会直接影响到工作的品质。工作中充满热情的人会主动构思如何让自己的工作做到最好，会在工作中长久地保持一种积极的工作态度。相反就让我们的工作停滞不前，或者是流于形式，会导致工作品质的下降。具体到教师的工作，我个人觉得最重要的体现就是我们的课堂是否是新鲜的、变化的、有趣的、符合时代需求的。

老师做久了，很多人难免会有懈怠的情况出现，最显性的表现就是在课堂上。有了职业倦怠的老师，每次上课都会有一种周而复始的做重复性工作的想法，觉得没意思，认为这点内容教了那么多遍早就烂熟于胸，没有什么再要改变的了，因此，我们看到的课堂就会是沉闷的。我想这也许就是我们常说的"教育思想观念太陈旧，教学方式太老套"的真实原因吧！

其实，对于教师来说，尽管我们每天教授的内容是相同的，但是我们每一次所面临的孩子确实是不一样的，他们会有不同的观点、不同的需求。我们每天所面对的社会也是不一样的，很多教材内容可能已经滞后了，这就需要我们老师不断地去修正自己的教学设计，不停地进行变换，才能让我们的课堂是鲜活的、有趣的、满足社会和学生需求的。而要做到这一点，就需要我们有足够的热情，有了这份积极参与、主动承担的工作态度，课堂教学工作一定会不一样的。

2008 年对于很多中国人来说是难忘的一年，因为在这一年中不仅仅是中国成功地承办了奥运会，赢得了世界的尊重与认可，更是因为在这一年中国南方经历百年一见的雪灾，汶川经历了震惊世界的大地震，这一年，神州 7 号发射成功，宇航员完成了首次太空行走……2008 年是个有太多故事的年份。而这一年对于我来说也是不一样的一年。因为，由我发起和组织开展的"节水护水 感恩行动"活动第一次参加了全国实践活动比赛，并且获得了全国一等奖的好成绩，这也是东城区获得的第一个全国实践活动一等奖。

2007～2008 年，正是国家全力推行南水北调的时候，各个媒体对这个项目的进展不断地进行报道。其中，关于南水北调水源头的库区居民大移民的新闻吸引了我，更启发了我。因为，在品德与社会课程中有《温暖的社会大家庭》《只有一个地球》的学习主题，这些内容刚好与新闻所报道的内容可以有机结合。于是，我开始关注相关的信息，从各种途径了解到，南水北调北京地区的水源地丹江口水库，水位低于北京市的地势，要想让丹江口水库的水流进北京，最好的办法就是提高水库的水位。而要这样做就意味着会有很多当地的居民大搬迁。这些库区居民本来的生活就非常艰苦，这要是再搬家，离开自己生活了几十年甚至更久远的家园，重新开始生活，其难度是可想而知的。但是，通过新闻报道我们不难看到，政府已经做出了决定，几十万人口的大迁移势在必行。对此，我马上想到生活在北京的孩子们是多么的幸福呀！我们每一个北京市民都应该学会感恩。都应该热心于北京城市的建设，有一份城市主人翁的意识。于是以"饮水思源 节水护水 感恩行动"的主题活动在我心中萌生了。当我把自己的想法告诉学校领导请求支持的时候得到了校领导的极大赞同。随后，对待这项工作我全心投入，一直保持着高昂的工作热情，在这种工作热情的驱使下，活动的范围在不断地扩大。于是我开始重新策划整个活动，最终使其成为全校 2000 多名师生共同参与的大型实践活动。就这样，我的品德与社会课，从小教室走向了社会大课堂。

在活动策划的过程中，我希望这次的活动不再是简单的专家讲座，而应该是能够让孩子参与的体验活动，比如：让孩子调查一下自己家中的用水量；找找学校里的节水设施；通过获取一些数据并自己分析发现北京是一个严重缺水的城市，节水护水的行动迫在眉睫；提取一些水样通过简单的方法进行实验，来检测水质；最好能与丹江口地区的孩子取得联系，去看看他们的学习生活状况，学会感恩……带着这样的想法，我主动找到了学校的科学老师，请他们帮忙。从此，我的品德与社会课打破了学科的界限，开始了综合性的课程实施。科学老师们被我的热情所打动，全力地支持了这次的活动。

经过与老师们和孩子们的共同商讨最终确定了以下活动方案。

一、明确活动目标

- 使学生获取更多的与水有关的课外知识；提高学生节水节能的意识；养成良好的节水节能的行为习惯。
- 培养学生观察生活，发现生活中的问题，通过自己调查研究和实践活动，掌握一些简单的研究方法、调查方法等。
- 学生在活动中各种能力得以提高，学会将各种知识进行综合运用。
- 初步为学生树立建设环境友好型社会的理念。
- 在活动中老师和学生共同成长。通过以点带面的活动形式，提高全校师生节水节能的意识，并将这些活动从学校延伸到家庭，延伸到社区，延伸到社会为建设绿色、环保、节约型社会作出贡献。

随着活动目标的制定，我们的节水活动从一个班走向整个年级，从整个年级走向全体学生，从学生走向老师，从校园走进家庭。活动开始在全校全面推广，孩子用自己的小手拉起了老师、家长、邻居等大手，一场轰轰烈烈的节水护水行动开始了。

二、制定活动计划

本次活动是我校 3～6 年级全员参与的一次科技实践活动。

第一阶段："饮水思源"

即了解节水的意义并宣传节水活动。组织学生进行学校、家庭节水小调查，在学校和学生自己的家里开展节水活动。组织学生在学校里进行校园节水设施和措施的小调查，了解学校里的节水情况；在此基础上，引领学生在自己的家里开展节水活动：记录家庭用水量、找找我家的浪费水现象、为我家制定节水方案等；同时，分年级开展不同层次的节水宣传活动，如三年级画节水画、四年级收集节水小窍门、五年级制作节水小报、六年级制作节水电子小作品等。通过活动宣传节水的重要意义，并开展节水活动。

第二阶段："节水护水"

开展节水社会小调查及我为节水献"计策"。利用假期的时间，把节水的活动从学校、家庭推广到社区和社会，组织部分学生到北京市节水先进单位进行节水小调查，并在假期开展变废为宝、节水金点子、节水科幻画、节水小调查等活动。此外，利用暑期开展废旧易拉罐、饮料瓶和旧报纸的回收工作，培养学生的环保意识，在开学初进行评比。

第三阶段："感恩行动"

在前两个阶段的基础上，开展"饮水思源　节水护水　感恩行动"系列活动。

首先开展暑期学生作品的评比，宣传节水活动。其次，组织学生通过回收废旧物品建立感恩基金，以养成学生节约、环保、节水护水的意识。

三、活动实施情况

第一阶段："饮水思源"

组织学生开展参观校园、研究学校里的水设备、开展家庭节水活动、节水宣传活动等，让学生了解到与水有关的课外知识，并引发学生思考"引水思源"的目的是什么？让学生知道我国目前的缺水现状，以及国家采取的一些节水缺水的措施和方案。在这个阶段中，学生的节水活动从自己的身边开始，先是每天生活的学校，再是自己的家，让学生品味到水与我们的生活是息息相关的，因此节水至关重要，从而产生想要去宣传的愿望。

先后组织开展了以下的实践活动。

活动一：学生进行学校节水设施的小调查。在老师的带领下参观了学校的中水处理站，并请学校负责节水工作的主管领导进行了讲解，学生对自己学校里的节水设施有了初步的认识。

活动二：在家中开展节水情况的调查和记录，并针对自己的家庭用水情况设计节水实施计划或方案。

活动三：分年级开展不同层次的节水宣传活动。二年级进行节水宣传画的创作和评比；三年级开展节水小窍门的征集；四年级进行节水小报的制作；五年级进行节水电子报的制作；六年级则开展节水电子小作品的比赛。

第一阶段活动结果：

通过参观校园、探究学校水设备、宣传节水等活动，学生了解到了北京的缺水现状，知道了我们北京地区是一个严重缺水的城市，为了解决北京地区的缺水现状，国家提出了"南水北调"的工程……

第二阶段："节水护水"

这一阶段的活动时间是在假期中，所以老师组织学生进行分组，分头进行社区、社会的节水研究活动。此外，还组建了小记者团，所有活动的开展都要由小记者团的学生进行及时的新闻播报。其中，动物园节水情况调查活动由中央电视台神奇之窗栏目组进行了全程跟踪拍摄。

第一，利用暑期的时间开展节水节能"四个一"活动，在活动中培养学生不乱丢垃圾的良好习惯、变废为宝的环保意识；提高学生的科技实践能力、科学探究的能力和科学的研究精神等，对学生进行养成教育。

第二，纽建小记者团，带领学生到北京市的节水先进单位进行社会调查。在活动中学生对动物园里的节水设施进行了调查和研究，采访动物园里工作的部分饲养员和节水办公室的负责人。通过采访和考察，学生们知道了北京动物园的节水设施和节水措施。

第三，做有趣的水实验，知道更多的与水有关的课外知识。

第四，组织部分学生到自己生活的社区进行节水调查，了解自己家所在的社区居民是如何节水的，有哪些实用的节水措施，是否可以进行宣传和推广。学生们不仅做了入户调查、采访，同时也在社区里进行了问卷调查。不仅培养了学生节水节能意识，更使学生的综合能力得到了锻炼和提高。

第二阶段活动成果：

在第二阶段的活动中，学生们走进了社会，走进了社区，进行了节水情况的调查和采访，有不少学生还发放了调查问卷进行了抽样调查。学生们在活动中学会了如何进行社会调查的方法，更获取了科技实验、调查的研究方法。此外学生们的综合能力有了明显的提高。在有趣的水实验活动中，孩子们的知识也更丰富了。老师们的组织能力，指导学生进行科技课题研究的能力有了长足的进步。

第三阶段："感恩行动"

在这个阶段中，着重组织学生开展再生资源回收的活动，培养学生资源是可以循环利用的意识，同时感受我国目前所提倡的"环境友好型社会"建立的意义。通过回收活动建立感恩基金，积攒回收资金，并将该项基金全部用于慰问丹江口地区的学生。

启动"感恩行动"。在学生们对北京市的节水情况有了深入的认识和了解之后，向学生介绍南水北调工程，以及渠首地区的 25 万居民为北京市民作出巨大贡献的感人事迹，引导学生感悟作为生活在北京地区的学生，我们应该用自己的实际行动来回报渠首地区的人民，并积极地参与节水护水的行动。接下来学校启动了"感恩行动"的系列活动。组织全校 2000 多名学生参加回收废旧饮料瓶、报纸和易拉罐的活动，即学生们把自己收集的废旧物品拿到学校进行回收，建立感恩基金，将学生们积攒的基金，送到渠首地区，并种植护水林。

第三阶段活动结果：

在这一阶段的活动中，学生们节水的意识增强了，科技实践的能力提高了，相关的知识也丰富了！从行为上看，学生从被迫进行再生资源的回收，到主动参加，再到追着科技活动组织的老师来积极地参加，学生的行为有了明显的变化。而教师方面也有丰厚的收获，老师们在指导学生活动的过程中注重总结经验教训，注重合作反思，并在反思的基础上调整自己的活动方案，使得活动能够开展得更加积极有效，从而实现师生共赢的良性循环的良好局面。

特别是带着学生到丹江口库区移居居民家进行考察的活动，给孩子和我都留下了极为深刻的印象。

教育手记 1　　丹江口库区移居居民考察活动记

那是一个阴雨绵绵的下午，我们乘着车，前往为了南水北调工程而二次移居的居民——唐克勤小朋友的家中。

唐克勤，丹江口市凉水河镇中心小学的一名普通学生，10 岁，上五年级。参加此次之行的还有我们史家小学的学生沈泽阳和环保前线的 3 名记者。在此次行动之前，沈泽阳就与位于库区居住地的唐克勤小朋友建立了手拉手的关系。只不过在此行之前，他们只是通过信件和电话联系过，而没有见过面。因此在这次活动中，沈泽阳一直都以一种期望的心态等待着与唐克勤的相见。

由于唐克勤的家位于非常偏远的山间，道路十分的难走，如果步行的话，大约要用到 4 个小时的时间，而当天正在下着雨。大家经过一番商量，最终决定还是开车前往唐克勤的学校接她，再一同前往她的家中。当在学校里见到唐克勤的时候，才知道她还有个弟弟——唐克明。于是车子搭载着我们踏上了"回家"的路。

车在蜿蜒、崎岖的山路上行驶了 40 多分钟，之后，就再也没有公路了，在这里，车子停了下来。我们还以为已经到了唐克勤的家，当问她的时候，她说：前面没有路了，我们要走回家去。我不禁问道：还要走多久？她想了想说：大约 10 分钟吧！于是我们冒着雨，在满是泥泞的路上深一脚浅一脚地往唐克勤家中走去。由于道路全是坑洼的泥路，再加上雨水积存，脚下的路泥泞不堪，脚上的鞋子也越走越重，几次都险些把鞋子留在泥潭里。在这样的情况下，我们走了大约半个小时，才在一个下山的拐角处看到了一所破旧的土坯房，这就是唐克勤的家。

走到她家的门前，我们都惊呆了，因为我们面前的建筑与其说是一所房子，还不如说是一个废弃的窝棚。走进屋中，其景象同样让我们震惊。屋中基本上没有什么家具，唯一比较像样一点的家具就是静静地靠在墙边的几个老式木板凳。走进右手边的屋子，可以看得出来这里是她家的"卧室"。所谓卧室其实就是用破得不能再破的几块木板搭起来的简易木床，屋子不大，仅有 10 平方米左右，用破木板搭成的木床共有 3 张。我想这里就是唐克勤及他的弟弟、父母和爷爷共同居住的地方吧！屋子里很黑，没有灯，因为这里的电压不稳，而且还经常停电，虽然屋子里有一个简单的电灯泡，但是根本不亮。屋子的北面墙上有一个20厘米见方的小窗户，没有玻璃，只是用了两根木条立在了中间。这也是屋子里唯一的采光处，但是在这样的土坯房中，仅凭这一点点的采光口，是远远不够的，因而屋子里基本上是黑的，摄像机根本没有办法工作。所以我也没能录下这里情景。走出这间屋子，我又好奇地走进了左面的屋子。这里是个厨房，同样也因为没有灯而十分昏暗，屋中的各种东西都十分简陋，仅有几块木板搭在一起就算是"碗柜"了，这里一共也没有几只碗。其中的一个台子上还放着中午的剩饭，经过询问后，我们知道唐克勤的妈妈和爷爷中午只吃了面条和野菜做成的咸菜。在厨房中我仔细地看了看，觉得屋中再没有任何的像粮食的东西，抑或是储藏粮食的地方，我不知道晚上他们会吃什么。忽然沈泽阳的声音打断了我的思路，循着他的声音我看到了令他惊讶的东西——土灶台。原来，唐克勤的家中还用着土灶台，要做饭就要用柴禾生火，大大的柴锅里已经装满了水。听着沈泽阳与唐克勤弟弟的对话，我知道了，原来沈泽阳对这个与自己家中完全不同的灶台发生了极大的兴趣，他不知道如何让这个大大的灶"工作"起来。在他的请求下，唐克明开始教沈泽阳怎样生火。从唐克明熟练的动作中，不难看出，平时一定是经常干这样的家务活，已经熟得不能再熟了，而我们的沈泽阳则激动不已，红红的火光映红了两个孩子的脸。在火光的映衬下，大一点的沈泽阳脸上充满了稚气，白皙的皮肤透露出生活的优越，而小一点的唐克明则一脸的成熟，黝黑的脸庞留下了贫穷生活的印记。

　　走出了厨房，又回到了中间的屋子，此时我忽然感觉有雨滴滴在我的脸上，抬头一看，才发现屋顶可以看见灰蒙蒙的天空。此时，沈泽阳已经与唐克勤和唐克明很熟了。他们在一起好像是说着什么，经过询问原来沈泽阳听到了"叽叽"的声音，不知道是什么，在向唐克明询问。唐克明马上把发出声音的小家伙放了出来，原来是一笼可爱的小鸡雏。看到跑出来的小鸡，沈泽阳激动得不得了，忙不迭开始抓小鸡，但是不管他怎么抓就是抓不到，而唐克明则一伸手就抓到了，可见我们城里的孩子与乡村的孩子有多大的差异。趁着孩子们玩的时候，我向唐克勤的妈妈问了几个问题：

"听说，你们又要搬家了是吗？"

她点点头说："是的，因为我家在库区水位以下，所以还要搬家。"

"您这是第几次搬家了呢？搬家，离开生活了这么久的地方愿意吗？"

"再搬家就是第三次了，为了能让一江清水送北京，政府有要求，我们也还是愿意的！"

"三次搬家？都是因为南水北调的原因吗？"我不禁问道。

她回答道："是的，第一次是因为修丹江口大坝，搬家，第二次是因为水位升高搬了家，马上还要搬，也是因为这里在水位的下面。"（这里的搬家与我们城里的搬家不一样，他们是以开垦荒地种植橘树为生，搬家就意味着赖以生存的土地没有了，因此家是越搬越穷。）

听了这些，我真是觉得这里的人们太朴实了，一次又一次地搬家，使得家越搬越穷，而他们居然没有任何的怨言。不禁再次觉得生活在北京的人太幸福了！此时我真的是想做些什么，去帮帮他们。可是由于走得匆忙，只带了随身的东西，钱也带得不多，只有200多元。尽管如此，我还是决定，把自己身上这仅有的200元钱捐给他们。当时一同前往的人较多，为了不让他人有过多的想法，也为了避免他们一家人的拒绝，我把钱给了沈泽阳，并让他说是自己的压岁钱，给唐克勤和唐克明，让他们买一些学习用具。当沈泽阳把钱给他们的时候，姐弟俩都拒绝了，在凉水河镇校长的再三劝说下，他们才把钱收了下来。我不安的心才平静了一些。

之后，沈泽阳问唐家姐弟俩平时都玩什么。他们从兜里拿出了几颗小石子，说"抓子儿"。沈泽阳不明白，于是唐家姐弟就教他玩了起来。趁着这个时间，我走到屋外，发现他家只有一头瘦骨嶙峋的牛、两头小猪仔，据说这是他家的全部家产了。看了唐家的情况，我的心里沉沉的，有点喘不上气。

此时天色已经很晚了，想到还有几十里的山路，我们一行人决定告辞，离开唐家。一个下午的时间基本上都是在雨中淋着，我们大家身上的衣服早就被雨淋湿了。这时才察觉到，沈泽阳已经冻得开始牙齿"打架"了。大家不免有些担心，所以马上回到了车上，离开了唐克勤家的村子。车子在雨中行驶了大约40分钟后，终于到了凉水河镇，这时已经是晚上8点钟左右了，距离中饭的时间已经有将近8个小时了，我们都饿得不行。沈泽阳更是饿得不停叫唤，于是我就问他："刚才你在唐克勤的家中看到有食物吗？""没有！""你想过吗？你现在说饿了，老师和叔叔阿姨们在想办法带你去吃饭，甚至是吃点儿好的，而唐克勤和唐克明则有可能什么吃的都没有，跟他们比起来，你觉得如何？"沈泽阳说："我比他们幸福多了，我现在就是饿着了，但是我还有饭吃，而他们可能还没有饭吃呢！"……

晚饭时，沈泽阳吃得格外香，把盘子中的菜吃得特别干净，没有挑食，更没有一点浪费！此次的深山之行让我和孩子都受到了极大的教育，以前只在电视里才看到的情景，今天我亲身经历了！其教育意义对我和孩子都是不可言喻的！

这样的活动，让我亲临了这些人的生活，让我体验了不同的生活世界，这将是我们参加活动所有人一生中最宝贵的人生经历！而这也让我更加懂得感恩，让孩子更加懂得感恩。

四、活动的收获与体会

在本次活动中参与的学生为我校 3~6 年级的学生，共计 1450 人。学生们从开始由老师引导着被动参加，到后来自觉、主动地参与到活动中，他们的态度有了明显的变化。

首先，经过本次活动后，90％的学生表示能在平时的生活中做到不乱扔垃圾，有意识地回收废旧饮料瓶、报纸、易拉罐等。养成了良好的生活习惯，提高了节约资源的意识。

其次，通过各种活动的积极展开，为学生提供了走入社区、走进社会的机会，他们与人交往的能力增强了，更有不少家长表示自己的孩子更大方了，更自信了，敢于在大家面前发表自己的见解了，这些都是在课堂上学不到的！

再次，往年我校没有参加科技小论文撰写的学生，老师也不知道如何辅导学生撰写科技小论文，而在本次活动中，不仅老师们掌握了辅导学生撰写科技小论文的方法，而且学生们在老师的指导下也写出了一篇篇优秀的作品，这是师生共同的收获！

复次，在活动开展中本着以点带面的原则，从小范围的活动到大规模的宣传，使得许多学生自觉地参与到活动中，特别是在科技小论文方面，在观看了部分同学的小论文宣讲后，许多学生都提出自己也想进行节水的小调查，撰写科技小论文。此后，不少学生上交了自己的科技小论文。

最后，在活动中组建了小记者团，学生自己用手中的相机把活动记录了下来，同时学生们还以小记者的身份在网上发布新闻，使学生的综合能力得到了提高。

从教师的角度看，在本次活动中不少老师表示，在帮助和指导学生的同时自己也增长了不少的知识，组织活动的能力增强了。在整个活动中，老师们积极配合、互相帮助、有事一起商量一起承担，使科技部里的每一个老师都具备了团队的意识，更打造了一支优秀的善于组织科技活动的团队！同时，老师们在活动中非常关注社会发展、社会环保主题，把我们的实践活动与社会发展紧密地结合起来，突出了科技实践活动的社会性。在活动中为了能够更好地开展积极有效的、科学严谨的调查研究，老师们都非常关注新课改的理念、新的教学方式方法，并将其运用到自己的科技活动中，甚至是平日的教学活动中。可见开展科技实践活动不仅可以增强教师自身的能力，更可以提高教师的教学水平。经过一系列的活动后，老师们更加关注学生的需求、参与程度、参与深度、开展活动的实际效果。老师的关注点转向了对学生各种能力的培养、兴趣的引发、行为的转变、科学研究的态度、综合能力的运用等等。而这些也符合新的课程改革的理念，更符合当前社会的需求，同时也证明了教师自身的教育观念在转变！

从本次活动的社会影响方面看，教师和学生小记者都及时地将活动的新闻在网上进行发布，使得许多社会团体、单位以及学生家长等都非常关注。由于我们的活动真实、有效、具有一定的影响力，利乐环保前线主动与我们联系，希望在我们活动的基础上进一步拓展，从节水、护水发展为节约各项资源，并开展保护环境拯救濒危动物的活动。为此，利乐环保前线还免费赠送给史家小学每一位学生用再生纸印刷而成的环保图书和小手册，免费开办濒危动物图片展览，为学校聘请垃圾回收专家做专题讲座，为学校无偿提供各类环保宣传片等，以便我校开展环保活动。这些活动的开展分别在搜狐网、人民网、TOM 网等多家网站上进行新闻发布，引起了全社会的关注。活动还带动学校所在的社区，形成以我校为中心，把节水节能和环保活动进行推广和宣传的辐射状区域。近期我校在全区的节水单位评比中也得到了领导的好评。

节水活动源于我的品德与社会课，能有这样大规模的活动实施，与学校的领导支持、老师们的支持分不开。同时在整个活动过程中，我都保持着一种高度的工作热情，无论遇到怎样的困难，都积极主动地想办法去解决，也正是因为这份热情激发的动力，才支持着我完成这样大规模的社会实践活动。

时刻对工作保持高涨的热情，是走向成功的开始，是克服困难的法宝，是工作蒸蒸日上的原动力。

第四节　　坚持是最重要的品格

坚持是一种重要的品格，我一直坚信不管做什么事情只要坚持就一定可以成功。记得中国台湾作家刘墉在《做个快乐读书人》一书中曾经写道："天才实际决定在个性，谁坚持得久，谁就是天才。"天才的个性就是坚持，古往今来无数的成功者都证明了这一真理。因此，在我做每一件事情的时候，都努力做到持之以恒，这样的坚持换来的不仅仅是我的成功，还有孩子的成长。

1997 年开始，我尝试着在每节课上拿出 3~5 分钟的时间给学生介绍课外知识。我想通过每节课这 3~5 分钟的熏陶，让孩子们了解更多的与学科有关的课外知识。用这样的方式开阔学生的视野，让孩子有更多的机会认识社会，了解社会。慢慢地我发现，孩子们特别喜欢听这些课外知识，每到这个时间，他们就格外的认真，格外的专注。于是，我又萌生了新的想法，这就是：既然孩子们这么喜欢，为什么不把权利给孩子呢？让他们来进行讲解，自己去搜集相关的课外资料，不是更好吗？于是，让孩子当小老师，进行课外知识介绍的活动开始了。

可是试行了一个学期，我就发现了新问题。许多课外知识都是孩子从网上或者书中直接拿来就用的，学生没有经过任何的筛选甚至是阅读就交给老师了。大段大段的文字、整篇整篇的文章，厚厚的一摞纸交到了老师的手中，感觉就像是学生为老师推荐了一部"小说"！大多数学生提交的课外资料不能让老师从中看出学生对该项信息进行过筛选或是整理。如果老师让学生进行介绍或是把自己搜集到的信息介绍给大家听，学生往往是从头读到尾，课堂气氛极其枯燥乏味。这样的信息搜集是没有任何意义的，因为学生根本不能把课外的信息进行有效的筛选和运用，或是转化为自己的认知。同时还存在着学生搜集到的信息不准确、没有筛选抓不住重点、耽误教学时间等诸多问题。如何对学生进行该项能力的培养呢？

针对这个问题，我随后开始对学生搜集、整理信息的能力进行培养，并且有意识地收集学生的这些作品，想要从学生提交的作品中分析出一些规律性的东西，并且从中找到解决的方案。从萌生这个想法，我就开始坚持收集和整理学生的各种相关作业，一转眼我收到的学生作业多达2000余份，我对这些学生作业进行分类，制定评价方案，进行评选，分析其中存在的问题，找到共同的规律。针对这些问题开始进一步尝试着深入研究。为此，我申请了课题"品德与社会学科个性化学生作业设计与指导的行动研究"，并在北京市教育学会正式立项。

随着课题的立项，我带领着品生、品德与社会教研组的老师们一起开始了深入的研究。

一、课题问题的提出和分析

首先，我们分析梳理了本课题研究需要解决的问题以及形成问题的原因：

问题一：学生在搜集、筛选和应用信息的过程中，只会找到信息，不会进行分析和筛选，有时甚至是没有经过阅读的文章就交给老师，其信息搜集的质量比较低。

问题二：很多学生搜集到信息后，不知道如何对信息进行筛选，不会筛选的方法，更不知道信息中哪些是有用的、需要的。

问题三：由于学生不能读懂信息，也不能将其进行有效地筛选，因此，其中的内在含义根本就没有体会，更不能内化为自己所理解的内容。信息搜集的任务设计形同虚设。

问题四：由于学生搜集、筛选和应用信息的能力不高，往往不能对课堂教学起到帮助的作用，反而还会影响课堂教学的有效进行。

根据以上的问题，通过讨论分析，总结出如下问题形成的原因。

1. 教师方面

第一，教师没有针对学生该项能力培养的教学设计，即在日常的教学中，大多数教师更关注的是学生知识的传授、教学任务的完成、教学质量的保证。尽管新的教学改革一再强调重能力轻知识、重过程轻结果，但是我们目前对学生学业的测评工作主要是依赖于纸笔的测试，虽然在纸笔测试的题目中又考查学生能力的相关题目，但是对于学生搜集、筛选和应用信息能力的考察项目少之又少。故而，教师在课堂教学上对此能力的培养会有所忽略。

第二，很多教师让学生搜集信息其出发点和目的是为要上公开课，研究课或是其他的教学展示课，为了让这一节课更符合听课者、专家、学者而特意在教学中安排了相应的环节，但是并没有在日常的教学中这样去做。缺少长期的、系统的对学生该项能力的培养，故而会出现学生会搜集不会筛选和应用的现象。

第三，教师在实际的教学中缺少对学生该项能力培养的方法和教学时间，由于受到这两个因素的影响，故而很多教师在日常的教学中就忽略或是放弃了该能力的培养。

2. 学生方面

学生缺少教师的指导，同时又受到自己阅读水平、理解水平等相关能力水平的限制，故而对信息的筛选和应用能力的养成有一定困难。此外，学生们还苦于缺少一定的搜集、筛选和应用信息的方法。

二、确定课题研究目标

基于以上问题分析，确定如下研究目标。

目标一：通过本次行动研究，总结和归纳出一套有效的提高学生搜集、筛选和应用信息能力的方法。

目标二：提高教师对学生该项能力培养和提高的教学水平。

目标三：通过本次行动研究使学生该项能力有所提高，从而促进课堂教学的有效进行，并使其成为学生学习的有效工具和基本技能。

根据这一研究目标和问题以及问题的成因，我又带领着小组成员制定了课题研究的方案，并开始进行课题研究的实施。

三、课题研究的行动方案

（一）构想设计

信息搜集的范围：由大到小，由简单到具体，由与本学科相关到与一节课内容相关。

信息搜集的能力要求：找到—圈划重点—重点标识—缩写成文—原创作品—灵活应用。

（二）确定实施过程

第一阶段：搜集信息能力培养的——三年级

搜集与品德与社会学科中本册教材内容相关的课外信息。具体的信息内容不限，只要与本学科有关系即可。此时，学生搜集的信息范围是比较大的，不做具体的要求。目的是为了让学生学会运用各种不同的途径进行信息的搜集。

学生作品的呈现形式：新闻播报。

要求：大标题为"新闻播报"，内容为学生自己搜集到的一份3日至5日内的社会新闻，可以是从报纸上剪贴下来的，也可以是通过网络了解到的近期新闻。此外，作品上还应详细的表明新闻的来源，如摘自什么报纸、第几版、日期等内容。

第二阶段：初步筛选信息能力的培养——四年级

搜集与教师指定的某个单元内容相关的课外信息，并进行初步的筛选。只要与所学课本内所涉及的内容有关联就可以。筛选方法为在自己搜集的信息中圈画出有关的重点内容。目的是为了让学生掌握通过圈画重点的方法能够筛选出有用的信息。

学生作品的呈现形式：我是小老师（1）。

要求：大标题为"我是小老师"，内容分为单元名称、课题名称、资料内容、我的感悟等部分。其中，资料内容是自己搜集到的并经过重点圈画的信息内容。

第三阶段：筛选信息能力提高的培养——五年级

搜集教师指定的与某节课相关的课外信息，同时不仅要圈画出重点内容，还要在所搜集的信息中添加上自己的评论、观点或看法。特别要求学生在我的感悟或收获一栏中，要有对所搜集和筛选的信息进行简单的分析或是提出自己对该问题看法的阐述与说明。

学生作品的呈现形式：我是小老师（2）。

要求：大标题为"我是小老师"，内容分为单元名称、课题名称、资料内容、我的感悟等部分。其中，感悟部分要能体现学生自己对问题的简单分析和阐述说明。

第四阶段：应用信息能力的培养——六年级

搜集更加具体的课外信息，如某位历史名人、某一个重要的历史实践等。在圈画重点的基础上进行缩写，使其能够用自己的语言表述出来，或是形成自己的书面文字进行表述。

学生作品的呈现形式：我是小老师（3）、品德与社会小报。

我是小老师（3）的要求：大标题为"我是小老师"，内容分为单元名称、课题名称、资料内容、我的感悟等部分。其中，资料内容要是自己对搜集到的信息进行筛选后用自己的语言或是根据自己的理解而撰写的小文章，即为学生的原创信息。为了确保其准确性和科学性，学生搜集到的信息原文件应附在"我是小老师"作品的背面，以便教师把控。感悟部分要能体现学生自己对问题的简单分析和阐述说明。

品德与社会小报要求：这是学生经过近四年的能力培养之后，该项能力综合运用的一个体现。学生根据教师指定的主题，进行小报的设计和编写。小报有固定的格式要求，在内容方面则要求：①内容与主题相呼应；②每一个小版块的内容都应是经过筛选的内容；③内容中要有一个小版块的内容为自己的原创内容（即为自己搜集筛选整理后自己撰写的小文章）；④要图文并茂，插图也应与文章内容向相对应；⑤可以选择自己擅长的方式完成作品，手绘或电脑制作。

（三）拟定研究成果

在经过了四年的行动研究之后，我们将两个班学生（约85份）四年来的作品进行整理与分析。

1. 学生自身的对比分析

教师在四年后将学生这四年来的所有作品，均发给学生本人，根据作品上的标记学生可以将自己四年的作品按顺序排好。之后，自己首先对自己的作品进行一次回顾和分析。再按照教师提供的能力提高曲线对自己进行评价，选定自己该项能力水平的发展曲线，即学生自评。最后为自己写一份小评语。

教师为学生提供的发展曲线分为六种，分别为：

① 没有发展变化

② 开始变化不大，后来退步了

③ 开始变化不大，后来明显提高

④ 持续上升，越来越好

⑤ 开始没有进步，中间进步明显，之后不再进步

⑥ 开始进步明显，中间有了退步，最后又明显进步

学生发展曲线类型

6 种曲线中除了①和②这两种曲线以外，其余 4 种曲线最终的趋势都是发展进步的。通过学生自评，我们对其评价结果进行了统计，得出如下结论。

评价结果统计

评价曲线	①	②	③	④	⑤	⑥
统计数字	9	0	23	36	5	12

学生自评为①号曲线的原因分析：

选择该项曲线的学生基本上为后转来的学生和中途出国学习后又回来的学生，中间有过间断，没有经过长时间的、系统的学习；同时，作品数量过少难以说明问题，所以学生自己评定为没有变化。

通过数据分析不难看出，89.4% 的学生该项能力都是呈上升趋势的，这说明我们的设计和选用的培养学生搜集、筛选和应用信息能力的方法还是积极有效的。

再来看看学生们为自己写的评语，就更能够说明问题了：

"看了自己 4 年的作业发现，我已经从一个什么都不会做，甚至还要妈妈帮我做作业的小孩子，长大到完全可以自己独立地完成一份令人满意的作业，我知道我进步了！"

"看了自己 4 年的作业我发现，在 3、4 年级的时候，我很认真、很努力，而且作业也做得干净整齐，但是到了 5、6 年级就退步了，作业不认真了，看来在将来中学的 3 年中，我要努力保持在一个最好的水平，这样学习成绩才会更加优异。"

"今天看到自己的成长历程，我非常高兴，看到自己小时候的作业真幼稚，但是很认真，我想我要把这份认真保持下去。"

"以前，我会抱怨老师为什么让我做这样的作业，现在才知道老师的用心，我的能力明显地提高了！谢谢老师!"

……

从学生的自评中，我们不难看出，学生们对自己的评价是非常公正的、客观的。

2. 同龄学生间的对比分析

教师将参加能力培养行动研究实验班的学生作品与没有经过任何有目的培养的对比班学生作品进行对比发现：实验班的学生经过四年的培训，能够准确地找到所要搜集的信息，能够通过圈画重点和文章批注的方式筛选出重要信息，并能够运用信息分析出一些新的问题从而形成新的认知或观点。而对比班的学生则能够比较准确地搜集到信息，但是对于信息的筛选则不够准确，将所找到的信息一字不少地抄写在作品中的现象依然比较普遍，而从小报中则可以看出学生的原创作品部分表述不清，或是流于表面的现象比较严重，甚至还存在有错误信息。

不仅如此，从课题研究的结果我们也可以看到，虽然课题的起点是想只研究如何培养搜集和整理信息的能力，但是随着课题的推进与深入，我们收获的已经远远不止于此了。老师们开始思考如何更好地指导学生完成个性化作业，知道了应该从哪些维度对学生进行全面而合理的评价，知道了培养学生搜集、筛选、应用信息能力的基本途径和方法……学生也在这个过程中，借助着自己的作业看到了自己成长的历程。

从一开始萌生让学生搜集信息互相介绍课外知识开始，我就有意识地收集和整理学生的作业，到发现问题，再到将问题梳理成课题进行专题研究，到 2014 年课题顺利结题，我和团队的老师们对学生个性化作业的指导研究还没有停止，细算下来已经有将近 20 年的时间了。现在，老师们和我一起收集和整理的学生作品几万份，这些学生作品，既记录了我的成长历程，也记录了孩子们的成长历程。坚持就是一种胜利，坚持就是一种成功，坚持也是一种创新。

第五节 兴趣是成为好老师的基石

作为一名教师，特别是一名小学教师，一定要有广博的兴趣爱好。因为我们所面对的孩子是处于启蒙阶段，他们对生活中的各种事物都会呈现出不同程度的关注与好奇，如果老师的眼界仅仅局限在自己的学科中，面对扑面而来的对很多方面都有着浓厚兴趣的孩子来说，我们是"招架"不了的。另外，老师具有广博的兴趣爱好，才会在孩子成长的道路上给予及时和正确的引导。在孩子的眼中"问不倒"的老师才是好老师，这些都要求作为小学教师的我们要有广泛的兴趣爱好，才能更好地胜任教师这个职业。

所以，从做老师的那天开始，我就有意识地培养自己的兴趣爱好，努力让自己的视野开阔，让自己涉猎更多的领域。

一、我爱读书

在宋朝，宋真宗曾经写过《励学篇》来竭力提倡读书的风气："富家不用买良田，书中自有千钟粟。安居不用架高楼，书中自有黄金屋。娶妻莫恨无良媒，书中自有颜如玉。出门莫恨无人随，书中车马多如簇。男儿欲遂平生志，五经勤向窗前读。"从诗中我们不难看出，在古人的眼中，读书是有诸多好处的，那么在信息化的今天呢？我觉得，纸质书依然不会被社会所淘汰，因为书籍所传递的不仅仅是里面记录的知识或信息，其实书籍本身就蕴含着许多的知识，蕴含着中国的传统文化，反映着中国的传统思想……书籍是无法用电子产品所替代的。而且，在当前的信息时代，无论社会怎样变，通过读书来增加自己的知识储备、通过读书来开阔自己的视野、通过读书来提高自己的素养……这些读书的好处是没有改变的。既然读书有这么多的好处，作为教师的我们又怎么能不去读书呢？

我读书的范围很广泛，不同于很多人只读某一类书籍，我既爱看文学小说，也爱读自然科学；既爱读历史地理，也爱看人物传记；既读教育论著，也看心理健康，甚至还爱看一些儿童书籍……之所以，对这么多类别的书都感兴趣，是因为我希望看每一本书都能为我的教学服务。

常年在一线工作让我发现，现在的孩子所涉猎的书籍非常广泛，很多名著小小的他们就已经开始接触了。由于孩子们的兴趣爱好不同，他们所喜爱的书籍也是不一样的，但是当对某一个问题感兴趣的时候，他就会向你发问，这时候，孩子可是不管老师是否对这类书籍感兴趣的。答出来了他们佩服，就连上课都是乖乖的，爱听你讲；可如果答不上来，他们也会流露出对你的不满，然后心中充满不服气，甚至大一些的孩子还会在课上找机会与你"过招"。所以，平时关注孩子们爱读什么书也是很重要的，这也是建立良好师生关系的最佳捷径。

当然，作为一名教师，最应该看的就是与自己专业相对应的书籍，这会让我们的课堂更加丰富。老教师都知道，孩子对课本上讲的内容不太感兴趣，对老师补充的知识充满好奇。所以，多读书，多查阅信息，多关注时事，都会对我们的教学有巨大的帮助和影响。

读书除了能让我们的课堂备受学生喜爱，读书还能有利于提高教师个人的修养。作为一名品德与社会学科教师，一定要有良好的修养，因为我们所教授的课程，是对学生道德品质进行教育的课程，甚至会影响到学生的人生观、价值观、世界观。要教育出品行优良的学生，首先教师自己就应该具有优良的品德、高尚的情操。多读书则会让我们更加智慧、明理、正直、谦和、包容、儒雅、做事有风度，具有深厚的文化底蕴……这些都是有修养的一种表现。因此多读书，读好书，是每一个老师应该做的，特别是每一位品德与社会教师应该具有的兴趣爱好。

其实读书是一方面，读书后能够有新的观点，能够从书中获取灵感，得到启发才是更重要的。所以，老师不仅仅要多读书，还要多写一写自己的读书体会与收获。在这里也想跟老师们分享一篇我的读书心得，希望能对大家有所启发。

教育手记 2　　《罗恩老师的奇迹教育》点燃孩子的学习激情

本书的作者是美国著名教师罗恩·克拉克。他是全美非常知名的一位教师，也是最年轻的一位受到过总统接见的老师。这位老师对教育有着自己独到的见解，新奇的教育方式，并且在教学中将自己的教学改革进行大胆尝试形成了独特的罗恩式教育法，他的学生遍布世界名校，精英辈出。他的故事被搬上了大荧幕，他 3 次受到克林顿总统之邀作客白宫。他所撰写的《罗恩老师的奇迹教育》一书的根本意义在于，好的教育其实是没有国界的。他说：我们无力改变教育体制，却能与身边的孩子一起创造奇迹。

在本书中，罗恩老师给所有的老师们提出了 101 条建议。这些建议都是经过他的实践而总结出来的。其中很多的教育教学建议都是没有国界之分，可以被我们大家所学习和借鉴的。下面我就跟大家一起分享其中我最喜欢的两条建议。

1. 不是每一个孩子都应该得到曲奇饼干

在教学中，我们会给达到标准的孩子一定的奖励，但是往往我们也会在最后的时候给那些个不能达到标准的孩子一份同样的奖励。因为老师们会从鼓励的角度等方面考虑，而给孩子一份奖励。但是，罗恩老师则认为：我们必须以高标准来要求每一个孩子，并且要尽力推动他们达到那样的水平。如果，我们把教育浅表化，并且因为学生努力了就给他们 A 或者 B，那我们其实就是在帮倒忙或者做绊脚石，这样做无法帮助他们做好在现实世界获取成功的准备。因为在社会上，或者是现实世界中标准是相同的，不会因为我们在没有达到标准的情况下只是努力了就获得认可或者成功。所以，罗恩老师说不是每一个孩子都可以得到曲奇饼干。当有的家长打电话说，这样的做法会伤害孩子的自尊心时，罗恩老师则说：问题的关键其实是我们只关注了孩子的自尊心，却没有考虑他们的表现与能力。正是这样的做法导致我们很多二十几岁的年轻人依然不明白努力工作意味着什么，并且依然指望他们的父母提供资助。从这里我想到，我们的教育是不是就存在这样的问题呢？我们过多地关注了孩子的自尊心，没有让孩子们得到经历挫折的机会。没有让他们体会到努力付出之后获得成功所带来的喜悦，所以他们不会珍惜，不懂得努力，还是依靠家人。这不也正是我们要面对的一种教育问题吗？所以，我想给予孩子的表扬或者是奖励确实应该严格按照规定执行，不要给孩子制造不努力或者依靠家人的帮助就能轻易取得成功的错觉。罗恩说：不应当的表扬只会让我们的学生遭遇更多的失败！

2. 走进孩子的生活

教师要与学生建立正确的关系。罗恩老师总是清楚地告诉孩子们：我是你们的老师，不是你们的朋友。但是，他也表示作为老师，应该成为一个可以信赖的顾问，一个教育者，以及一位指导者，甚至有时候还是一个父亲或者母亲。因此，教师首先要向学生表达你对他们的关心。特别是对一些问题学生，一旦外在的隔阂被打破，就会发现，问题学生本质上都充满激情，富有天赋，我们不可以放弃他们，我们应该相信他们的能力。那么，如何改善与学生之间的关系呢？跟孩子一起吃一次特别的午餐，参加孩子们的活动或者是比赛，读他们喜欢的小说或者漫画，给他们一个真诚的微笑……

在我们的教学实际中，大家会发现，大多数的师生关系基本上是两种。一种就是纯粹的师生关系，学生对老师有惧怕、有敬畏，虽尊重但不亲近，只是敬而远之；还有一种就是过于亲近，以至于失去了该有的礼仪与规范。那么如何建立一种恰当的师生关系，则是一件值得我们大家思考的重要问题。

罗恩老师的很多建议都是值得我们深入思考的，因为，仔细阅读之后会发现罗恩老师的这101条建议，其中有很多是我们现在所放弃的，甚至是被我们现如今很多教育家所批判的。但是，为什么这些教育思想却能促成罗恩老师的成功呢？其实，教育改革更多的应该是一种坚持，应该是在不断摸索中建立一种教育的规则，梳理一种理论或者是教育原则。记得2011年的全国课题大会上，专家对中国教育改革的数据进行了统计并公布，其中最吸引我的就是专家说："中国近10年的教育改革成果没有教育理论性、教育原则性的成果，而国外的教育改革则在教育理论和教育原则上不断有成果出现……"这可能也是中外教育的差异。而罗恩老师，就是在一片反对声中，不断地努力、做出正确的决定，并且长期坚持下来，最终他取得了成功，建立了自己的罗恩学校，推出了罗恩式教学法，成为全美乃至全球的热血教师。反思我们史家小学的特色学校教育——和谐教育，我们已经坚持了20多年，虽然形成了自己的特色，有了极大的名气，但是在现在这个阶段，我们是否应该开始思考或者是梳理史家小学的和谐教育理论、史家小学的教育原则到底是什么？并使其形成体系，具有推广和示范的作用呢？我想这也是目前我们大家要着手去做和思考的重要问题。

二、我爱旅行

有人说旅行是一种心情的释放，有人说旅行是改变一下生活的状态，有人说旅行可以结识更多的朋友，有人说旅行可以让我们品味不一样的生命……旅行对每一个人来说其意义都是不同的，每个人的心中都有一份自己的渴望，自己梦想，自己的追求，所以才让许多的人爱上了旅行。

我之所以爱上旅行，是因为这里有我想要知道的故事，有我想要留住的画面，有我想要学习的知识。品德与社会学科是一门内容极为丰富的课程，其中不仅仅涉及地理历史的相关知识，还包括各民族风土人情，各地区风俗习惯、中华传统文化等等众多的内容，这就要求品德与社会教师要能够对教材中所涉及的内容有所了解。但是，一个没有看过、学过、经历过这些的老师如何能把其中的内涵讲出来呢？就如我们的老校长卓校长曾经说过的："一个从来没有看过大海的老师，如何能讲好有关大海的课呢？"所以，作为教师应该多走、多看、多学。古人说读万卷书，行万里路，可见游览和读书同样的重要。可能也正是因为这样的原因，所以在我国几乎每一处风景秀丽的地方都有与之相对应的诗歌、散文、对联等等。只有真正地去看来，才能激发出情感，文章才能有感而发，才能体会出一种博大的情怀。因此，我爱旅行。

旅行不仅仅能让我开阔视野，增长知识，更能对我的教学有巨大的帮助。很多时候，我的旅行目的地就是教材中所介绍的地方。

课文中有《气势磅礴的兵马俑》，我就先后三次走进陕西，前往秦陵兵马俑去参观，仔细观察兵俑、马俑；自己请讲解员来介绍，了解兵马俑发现的故事；在展厅中认真观察铜车马，了解其中的奥秘，感受祖先的聪明才智……每看一次都会有不同的体会与感悟，这时回到校园，再来上这课就能够充满激情。而且，这一份切身的感受，讲起课来更加投入。随后，我设计和实施的《气势磅礴的兵马俑》一课，让我在东城区第一届"东兴杯"教学大赛中脱颖而出，获得了品德与社会学科的第一个一等奖。

新疆是一个美丽又富饶的地方，教材中有两个主题教学内容都提到了新疆，一个是介绍祖国美丽西部的时候，有一个单独板块介绍新疆，还有就是在介绍少数民族的居所时讲到了新疆，于是新疆成为我一直向往的地方。很幸运的就是由于各种机缘的巧合，我有幸在先后两次前往新疆进行实地考察。

一到新疆，我迫不及待地走进山上的阴房，亲眼看着维族同胞晾晒葡萄干；走进坎儿井，去考察那奇妙的地下暗渠；赶到火焰山去体会巨大的日温差；找到街头卖烤馕的店铺，去后厨看看馕坑的样子……我用自己手中的相机记录了这些珍贵的信息，带回到我的课堂上，孩子们对新疆充满了好奇，一双双求知的眼睛紧紧地围着我转。这样的课堂孩子们哪能不喜欢呢！

旅行不仅给我的课堂带来的生机，更对我个人的成长有着诸多的影响与好处。在旅行前，自己设计出行计划，自己预订机票酒店，自己在当地凭借地图寻找目的地……促使我养成了做事有计划，遇事不怕难，敢于交往，敢于表达的好习惯。

经常旅行，会让我保持一颗年轻的心。心是年轻的，那么无论做什么都会是有激情的；心是年轻的，离学生就不会远；心是年轻的，新的观念、新的改革、新的视角就更容易接受并参与其中……这些都是一名好老师应该具备的基本素质。

经常旅行，会让我有开阔的思维，广博的见识，懂得尊重文化差异。

无论国内还是国外，都有很多的异域风情，不同的习俗信仰……面对这一切的不一样，我微笑接受，甚至是认真学习。因为，文化只有差异，没有高低贵贱之分。学着尊重不同国家不同民族的文化、信仰、习俗，这是我们能否客观地完成好教学任务的基础。在旅行中，不仅仅会感叹外国的美丽风光，更会感叹于祖国山川的壮丽……

之所以这样说，是因为"文化大革命"的历史经历，导致中国文化传承出现了短暂的断层，当时很多人在所谓的破四旧中摒弃了很多优秀的中国传统文化、传统思想。但是，随着改革开放的全面实施，大量西方的文化、思想、物质涌入中国，这些外来的文化、思想迅速地填补了这些人的文化断层，导致很多中国人盲目地崇拜西方文化。出现了西方的就是好的，就是先进的，中国的就是落后的，就是封建迷信的错误认识。

不久前，我去了台湾，在那里我找到了我们和台湾人在观念上的差异。在台湾，年轻人前往国外进行学习的比率比内地高很多，但是为什么台湾人能够在今天依然写繁体中文，为什么我们觉得他们那里很多传统文化被保留了下来？为什么会觉得台湾人更加的儒雅，有气质？在台湾的旅行，让我与他们有了深入的接触，并且找到了问题的答案，这就是台湾人在接受外来文化和思想的同时，并没有摒弃中国的传统文化和思想，而是在其中寻找到一种融会贯通的方法，这就是与我们最大不同的地方。他们在认可西方文化的同时，依然深深挚爱着中国的传统文化。而在我们身边，认可西方就否定自己传统的人却不在少数。所以我想作为一名品德与社会学科的教师，自己首先要学会尊重文化差异，自己先要爱我们的传统文化，才能把这样的尊重与自重的思想传达给学生。我想这也是为什么在当前教改中大力提倡要弘扬中华传统文化、立德树人的根本原因吧！

三、我爱摄影

我喜欢摄影，其实更确切的说法应该是我喜欢随手拍。因为，这里所说的摄影不是摄影师那种讲究曝光、光圈、构图等等的摄影，我所钟爱的是能够用手中的相机去拍摄和记录我与学生的学习历程，去拍摄能够在教学中使用和说明教学问题的照片。这类照片可能没有摄影师拍得精美，但是它却是教学中最直观的教具，它可以抓住课堂上孩子们的眼球。

这个爱好是从一次又一次做课件的过程中萌生的。老师们都有制作教学课件的经历，每一次在做课件的时候，大家都想搜集一些可以解决教学中实际问题的图片，但是在图片信息搜集的时候，大家会发现网上的照片很难有如意的。有些照片精美至极可偏偏不是自己想要的，有些照片虽然是自己要的内容，可格式太小根本没法使用……这种沮丧的经历我想大家都经历过，那么，如何解决呢？这就需要我们要有随手拍照的意识。既能用照片记录自己的工作过程，又能解决教学中难以找到合适图片素材的难题。

记得在2000年讲《秦始皇陵兵马俑》一课的时候，我想找一张兵马俑坑全景的照片，怎么也找不到，费了好大的劲最后才在《兵马俑图录》上扫描到一张满意的照片。从那时候起，我就萌生了要是自己能拍照片该有多好的想法。于是，我开始有意识地用手中的相机进行拍摄。

当我走进陕西秦陵兵马俑博物馆时，我拍下了气势磅礴的兵马俑坑，拍下了栩栩如生的兵俑相貌，这些照片成为课堂上孩子们观察、分析、思考的重要学习素材；在新疆，我用相机记录了火焰山当时的地表温度、拍下了坎儿井的内部结构、拍下了阴房中晾晒的葡萄、拍下了独具特色的维族建筑……这些照片让孩子了解了新疆地区的风土人情、民族习俗；在山西，我拍下一座座窑洞以及窑洞中人们的生活，在课堂上通过这些照片引导孩子自己发现环境与人们生活方式之间的密切关系；十一期间，我随手拍下大街小巷的红旗，拍下天安门前的花坛，拍下那一天庄严的升旗仪式，在课堂上用这些照片再现人们为祖国庆祝生日的喜悦心情，从而渗透那一份爱国情怀……

爱摄影不是要做一名摄影师，而是要做一名好老师，做一名让孩子爱上自己的好老师。

四、我爱博物馆

品德与社会（生活）学科，是教给孩子如何热爱生活、怎样快乐生活的课程，因此，作为这门学科的老师自己首先就应该做到热爱生活，会生活，快乐生活。读书、旅行、摄影都会让我的生活变得丰富多彩，都会让我享受到生活中的快乐。

而生活中的快乐，还远远不止于此，这份快乐还包括了与自然抗衡后生命繁衍生息的一份骄傲与自豪的喜悦。而这种生命繁衍、文化传承而造就的幸福与快乐可能是我们日常生活中难以遇见的，但是在博物馆中却记录了人类社会发展演变的历程，记录了祖先所创造的古老文明，记录了先人们热爱生、享受生活的历史故事……所以，我爱博物馆，爱在这里倾听，去寻找那文物背后的故事；爱在这里思考，去探寻古老科技背后的秘密；爱在这里观察，去发现祖先创造的最原始的美……越是深入其中，你越会感悟到生活的美好！

正是对博物馆有着特殊的喜爱，所以无论走到哪里，我都会去当地的

与学生一起在博物馆里探寻环境与动物保护的关系

博物馆转一转，无论是中国还是外国的，各地的博物馆都有着不同的文化内涵，能让我们了解到很多的历史故事，从而丰富我们的阅历，开阔我们的眼界。在我所走过的众多博物馆中，我最喜欢的就是现在的国家博物馆，它的前身是中国历史博物馆和中国革命博物馆。

记得在上学的时候我就经常到这里参观，后母戊鼎、北京人等有关文物就是在这里认识的。国家博物馆重新开馆后，我更是多次走进这里进行参观学习。有了很多的收获与感悟。

小口尖底瓶是我们教材中出现的一件文物，它记录了半坡时期祖先生活的情景，是人类早期文明的见证。说实话，我上学的时候，课本中就有这件文物，但是始终弄不明白一个尖底的瓶子，站也站不住，到底有何用？我上学的时候，没有老师给我讲其中的奥妙，这个问题一直藏在心里。直到长大了，多次走进博物馆才找到了其中的答案。这个记录祖国远古科技的器物，是那么的神奇，其中所蕴含的科学原理早在几千年前就被我们的祖先所掌握，这是多么的了不起呀！带着这份对古人的崇敬之情，我在备课的时候，就设计一个小环节，让孩子们猜猜：小口尖底瓶的用途到底是什么？孩子们的想法五花八门，对此我并不急于给他们答案，而是组织他们一起到中国国家博物馆中去实地考察一下。在讲解员的带领下，孩子们先来到了姜寨遗址模型前，了解当时古人生活的环境，在这样一个直观的模型面前，学生们逐步了解了当时人们生活的情况，再结合着小口尖底瓶的外观，于是很多孩子很快就想到了它的真实用途——汲水器。这种利用博物馆资源与学科教学整合的课程教学效果显著，孩子们喜欢、感兴趣，这更加促使我要把博物馆资源引入校园，这也奠定了史家小学与国家博物馆全面合作的基础。

对于小口尖底瓶，我不仅在课堂上向学生们进行介绍，让孩子们通过它了解祖先的生活，我还把"它"带到了美国芝加哥大学的课堂上。

2013 年，我有机会参加了由英特尔公司组织、美国芝加哥大学承办的一次教师培训。在这里，我每天与来自全国各地的老师们一同参加教师培训。白天上课，晚上像学生一样做作业。记得最后一次教授留的作业就是设计一个活动，来引导学生进行真正的研究性学习。当时，我思前想后做出了很多预案，但是最终，我还是选定了以小口尖底瓶为突破口进行活动设计。我和同伴一起熬夜精心准备的"寻找瓶子的秘密"的活动一经介绍，就极大地吸引了两位教授，其中一位教授激动地走到台前说："让我好好看看这件中国的神奇陶制品。"我的活动设计，不仅得到美国教授的认可，得到了随行中国教授的大力赞扬，更是得到了所有参与学习的老师们一致的认可。他们说："郭老师，你的设计太好了！不仅仅有意思，而且真的能让学生进行深入的研究，而且最让我们大家觉得了不起的就是，在美国的土地上，你通过这项作业来介绍中国历史，讲述中国文化，作为一个中国人，我们都很自豪！"

的确，博物馆里的每一件文物都不会说话，但又都"会说话"，他们在用自己的造型、身上的纹饰、自己的年龄、自己背后的故事，向后人们讲述着一个国家的历史与文明。所以，我爱博物馆，这里有祖国悠久的历史，灿烂的文化；这里有课堂上讲不完的教育信息；这里有一个中国人的尊严与自豪！

博物馆是我们每一个中国人都应该去，并且应该经常去的教育场所。作为一名教师更应该经常地走进博物馆，既要到那里去修炼自己，更要到那里去寻找恰当的教育契机。

第六节 甘做铺路的雨花石

1993 年，我毕业后来到了史家小学，成为这里的一名教师。那时候史家小学仅有 24 个教学班，教职员工也只有 80 多人。而承担地理、历史学科教学任务的老师仅有我一人。

一个人教两个学科，没有同学科的老师可以一起进行教学研讨，我只能自己摸着石头过河。后来，学校发现了我的困难，为我配了一位师傅，这就是钟秀文老师。钟老师是一位手工老师，有着一双灵巧的手，也有着极大的创造力。我与钟老师的师徒关系仅有一年的时间，钟老师就退休了。在这一年中，钟老师给了很多的建议和帮助。她教我怎样撰写教案，如何设计问题，怎样解读教材……尽管我们不是同一个学科的老师，但是其中的教学方法确实有异曲同工之处。不过一年后，钟老师退休了，我又成了没有师傅的人，在备课的时候总是缺少一同研究和探讨的人。这时，学校的黄守圣主任向我伸出了援手。

此时的黄主任，已经不教课了，重点的工作在于学校的现代化电教方面。但是，对我，他却给予了诸多的帮助和指导。在我备课遇到困难的时候，在我不知道如何处理学生问题的时候……都是黄主任帮我出主意，帮我想办法。在教学上只要是我能想到的设计，黄主任都会想尽办法帮我实现。记得，当社会课刚刚开课的时候，我承担了全区做第一节社会公开课的任务，对此，教研员老师非常的重视，我感到一种沉沉的压力。我认真备课，多次向区教研员黄薇老师请教，确定最后的教学方案。然后根据教学方案制作教学课件，那时候，还没有电脑课件，最好的课件展示就是幻灯片了。这种上课用的幻灯片是要自己动手做的，当时黄主任知道后，二话没说就帮我做，还帮我请到了当时的美术金福伦老师，金老师帮我完成幻灯片中绘画的部分，黄主任帮我做幻灯的组合制作等……看着这么多老师为我帮忙，我当时心里暖暖的，觉得自己特别幸福。从那时起，我就知道作为老教师是要这样对待年轻老师的，徒弟是要这样带的。

史家小学老教师的身上有很多值得我学习的东西，他们敬业、做事认真、勇于创新，关心帮助年轻人……这些都对我的工作有着极大的影响。

转眼间，在史家小学工作已经有 20 多年，这 20 多年来，史家小学发生了巨大的变化。我是学校发展路上的参与者，更是亲眼看到了学校的办学规模在不断地壮大。史家小学从 1993 年的 24 个教学班，发展到 2005 年的 58 个教学班，再到现在的 97 个教学班，短短 20 年，学校发生了翻天覆地的变化。就在学校的巨大变化中，我不知不觉也成了"老同志"，也开始带徒弟，也开始承担着帮助青年教师的任务了。

2004 年，我有了第一个徒弟，不过这个徒弟是一名科学教师。因为，

我的徒弟王丹、刘静、李维参加各种教学展示和教学大赛

当时我是科任组的组长，承担着社会、科学、信息等学科的管理和教研等工作。因此，我的第一个徒弟是科学教师。这对我来说可是有巨大的难度，因为我自己也没有教过科学课，对于这个学科的教学内容并不了解。面对这些困难，我首先想到的不是放弃和退缩，而是想到了黄主任等老教师当年对我的谆谆教诲，我想我应该像他们一样，真诚地帮助每一位年轻老师。于是，我向学校借了一套科学教材，回家后认真研读，反复思考，并且向学校里有经验的老师们请教……甚至在给徒弟备课前，自己先写一份教学设计，再跟徒弟一起交流。在我全身心的帮助下，我的第一个小徒弟孙雷老师有了明显的进步，再加上孙老师个人扎实的基本功和创新的意识，很快他就在同龄老师中脱颖而出。在上班第一年，孙老师就在我的帮助下，先后上各种公开课7节，撰写的论文获得北京市二等奖。

2005年，史家小学飞出了小胡同，建成了新校园，从此开始了更加快速的发展。这一年，学校从原来的24个教学班扩大到了58个教学班，因此学校急需各个学科的任课教师，在3年中，为了解决大量教师缺少的问题，学校陆续从各个区县外调和招收应届大学毕业生共计80人。其中每年新参加工作的年轻教师占到了50%左右，面对着这么多的新鲜血液，加紧对教师进行师资培训也就显得尤为重要了。

当时，在我的教研组里，就一下子增加了6位年轻教师，对于他们的培训十分的重要，因为他们才是未来史家发展的真正"软实力"。作为教研组长和师傅，我一定要有所行动，一定要更快地让他们步入正轨。于是，我开始了对年轻教师培养的研究，并在经过三年多的研究后，总结和梳理了自己的研究成果，撰写了《为青年教师设置的六门必修课》一文，获得了北京市教育学会论文评比一等奖，并在当年的优秀论文集中发表。

第七节　为青年教师设置的六门必修课

一、为青年教师设置必修课的背景

1. 学校方面

2005 年 5 月，我校办学规模扩大，学校三年中增加教师 80 余人。如此庞大的新生力量加入，势必要经过一番培训，才能使其更好地了解和适应自己的新工作、新岗位。这些教师是史家未来发展的"软实力"。因此，对这些老师的培训工作显得十分重要。他们是学校发展的必要"软件"，青年教师队伍的素质高低直接影响到学校的办学声誉。故此在近三年的时间中，我们开展了扎实有效的青年教师和新教师的培养和培训工作，打造了一支过硬的青年教师队伍，为学校扩大办学而不降低办学质量奠定了坚实的基础。

2. 社会方面

随着社会的发展，社会、家长对学校的教师提出了新的要求。新时代的教师要承担未来社会人才的培养工作，因此教师自身素质的高低就直接影响着教学水平，也直接影响着我们培养的学生是否能够符合将来社会的需求。基于这一点来考虑，我们认为对于青年教师特别是新教师的培养工作刻不容缓，至关重要。

基于以上两点原因，我们为青年教师和新教师设置了六门"必修课"：

（1）学会听课、评课和备课；

（2）学习课堂常规的管理方法；

（3）如何与同行进行合作；

（4）学习反思；

（5）学会纪录教学要件；

（6）为自己建立教学成长档案夹。

课程设置的目的以及预期的结果如下：

（1）通过对新教师和青年的培训，使其尽快地步入到教学工作的正轨；

（2）提高青年教师和新教师驾驭课堂的能力；

（3）帮助他们在新的工作岗位上转换自己的角色，学会与同行进行合作；

（4）学会反思，获取经验，胜任自己的教育教学工作；

（5）学会教学实践中解决突发问题的一些实用的方法；

（6）掌握分析教材、挖掘教材的方法，能独立地备课并上一节好课。

二、课程实施的方法

参与发展的方法、小组研究的方法、行动研究的方法、个体指导行动的方法理论依据。

美国的教育学家 Thomas R Guskey 指出教师专业化发展是一个系统的过程、持续的过程、更是一个有意识的过程。

认知的理论：人类对客观事物的认识是一个层次一个层次的进行、一个方面一个方面的认知，是需要认识—实践—再认识—再实践的一个循序渐进的过程的。

教育家坎贝尔提出为学生建立成长档案夹的理论。其实该理论对于刚刚参加工作的年轻教师来说也是适用的。刚走工作岗位的年轻教师就与一个到学校学习的学生是一样的。因此，为年轻教师建立教学成长档案夹可以汇集青年教师整个的成长和学习过程，呈现出其努力与成就的基本情况，是评价年轻教师最好的证据，它是青年教师的一部成长史。档案夹的主要意义在于：青年教师通过自己参与，学会了反思，为其今后的发展提供了重要信息。

三、发现青年教师中存在的问题和困惑

通过长时间与青年教师交流和大量听青年教师的课（3 年累计听工作 3 年以下教师的课 359 节），总结出如下常见的问题。

问题一　大多数青年教师都不理解为什么要听课，听课有什么意义？甚至许多青年教师认为听课只是为了要完成学校规定的任务。由此可见，青年教师不知道听课的目的和意义是什么，听课应该听什么，听课后要思考什么。

问题二　大多数青年教师感觉到，书本上学到的课堂常规管理方法在现实的教学实践中不实用。很多年轻老师都感到在班中上课的时候，学生听得不认真、课堂纪律难以保证，甚至有一些年轻的老师还表示会受到学生的"欺负"。老教师或有经验的教师在班中上课学生纪律特别好，而换了自己就完全不一样了。年轻教师常常感到控制课堂的秩序有些力不从心。

问题三　"80 后"即上世纪 80 年代出生的年轻人，现而今都走上了工

作岗位，由于他们的学历高，并且不少都是独生子女，所以，从小也是娇生惯养的，刚刚走上工作岗位的时候往往是心气高、目标高、有自我优势感，因此不会与同行合作，也不知道怎样与同行合作。这无疑使自己在工作上遇到了更大的困难，或是有困难不知道如何向同行求助。

问题四　有经验的教师会在一节课后进行积极反思，不管课上得成功与否，有经验的教师都会总结经验和教训，并有针对性地对自己的教学设计和教学实践进行调整和修改。而年轻老师则不注重反思，有时有了一些想法也没有记录下来，而是把好的灵感丢掉了。有些年轻教师甚至不知道如何反思，反思什么？这无疑不利于年轻教师的成长与进步。

问题五　在课堂上经常会发生一些意想不到的事情，有经验的教师不仅能应对自如，还会将课堂的突发事件进行记录，总结成功的处理经验，并经过整理后成为自己的教学案例或是论文的示例。而年轻的老师们往往忽略了对这些教学要件的记录，有时仅仅是当作课后的谈资，而忽略了其中所蕴含的巨大的教育空间。

问题六　任何一所学校对年轻教师的培养和管理的力度都是很大的，因此年轻老师们也会承担不少的做课任务，而为了上好一节课，反复试讲是十分平常的事情。然而，我在与年轻教师的长时间接触中却发现，许多年轻教师在上完一节成功的课后，只留下了最后的那份教案，而那些记录着自己走向成功的纸张、文稿都成了垃圾桶里的弃物。

四、针对问题确定解决方案

针对以上问题，我确定了帮助年轻教师解决问题和困惑的一些可行性的方案。

针对问题一，我为年轻教师推荐了学习材料——《新课程——备课 听课 评课》一书，并将其中的重点部分进行了圈画，作为学习材料推荐给了年轻的老师们。请年轻老师阅读，并写一些收获。此外有意识地多组织年轻老师们听课，听课后让他们进行评课，慢慢地年轻教师知道了听课的"真谛"，会听课了，也会评课了，反过来把在听课中发现的问题进行自我对比，以此来发现和纠正自己在教学中的问题。

针对问题二，我多听年轻老师的课，发现他们在常规课堂管理上的问题，并及时地在课后把问题提出来，进行充分的讨论，有时还会把自己经历过的类似的情况并解决得比较好的例子讲给他们听，帮助他们分析有效解决问题的原因。提高青年教师的课堂驾驭能力。

针对问题三，在教研组里创设更多的同行合作的机会，有意识地把某一个任务分配给几个年轻教师，并首先帮助他们进行分工，使其各有所为，一旦合作的几个人之间顺利地完成了一项任务，在下一个任务出现的时候，就有意识地再让这几个人进行合作，而此时分工的工作则由他们自行安排。一段时间后，这几个人就形成了一种默契，慢慢地也就学会了与人合作。接着，就要鼓励和创造他们与其他同行的合作机会，在有了一定合作经验后，再与其他人进行合作，从而学会与同行合作的方法。

针对问题四，要求年轻老师要在每一次课后撰写教学反思，并把大家的反思进行对比，寻找到好的教学反思，并讨论其原因。掌握撰写教学反思的方法、明确反思的角度。

针对问题五，鼓励年轻教师们每天说说今天课上的"趣闻"，帮助他们分析哪些只是谈资，哪些应该引起我们的关注和深入思考，并请他们把这些有价值的事件进行简单记录，有可能的话把自己的看法、大家的想法也记录下来。

　　针对问题六，帮助年轻教师建立自己教学成长的档案夹，把自己每一次的备课稿，特别是手写稿，都保留起来，以备不时之需。在研究过程中，我发现年轻教师所上的一节成功课，往往是师傅或是有经验的教师反复听过几次之后才上出来的。在每一次的试讲和评课的过程中，年轻教师都会把老师们的好建议、好方法记录下来，但是随着上课任务的完成，一次又一次记录的手写稿就被他们扔掉了，只保留了最后的教案。其实扔掉的恰恰是可以在反思中进行对比、能够说明问题的宝贵资料和数据，为了能帮助年轻老师养成良好的习惯，为自己记录下成长的"足迹"，我为年轻的教师们建立了教学成长档案夹。

五、开展多种形式的培训活动

　　活动一　集体进行备课、听课、评课活动。每周有固定的时间进行集体的备课、听课和评课的活动，让年轻老师们在与同行交流的过程中获取到新的灵感，调整自己原有的教学设计，上好每一节课。在集体共同的评课中，进行合作反思，共同获取经验和教训，使得年轻教师的教学水平得以提高。

　　活动二　建立师徒、帮对的关系，开展互帮互学、师傅引领的培训活动。

　　活动三　开展专家讲座。通过专家的讲座和经验介绍，拓宽青年教师的视野和教学思路，学习好的经验和方法。

　　活动四　开展教学专业知识的学习活动。要求每个年轻教师每个学期要认真学习 10 篇教育教学的相关文章，并作读书笔记，从而夯实年轻教师的理论基础。

活动五 以学校的网络设备为平台，以学校教学处领导提供的教学资料为学习内容，积极地开展网上教师论坛的学习，为青年教师提供发表自己的教育教学观点和想法的空间，以激发他们学习的兴趣。

六、利用教学成长档案夹进行自我评价和同行评价

教学档案夹的建立为青年教师进行自我评价和同行互相评价提供了充分的依据和数据，使得评价更加具有说服力，更加准确。在档案夹的基础上，青年教师可以对自己的教学成长经历作出正确的判断，并制定出合理有效的调整方案。这样使得年轻教师对自己发展方向更加清楚明确了。

七、反思与问题

通过以上的研究可以看到，参加实验的教师比没有参加实验的教师获取到的成绩更多一些，而且，实验组教师在上各种公开课方面明显比对比组的教师多，说明实验组教师教学工作成长得更快，成绩更加优异。但是，同时也看到了一些问题，例如，对比组的教师在论文的撰写方面要比实验组的教师获奖情况好一些。针对这一现象，通过深入分析，发现原因有二：由于参加实验的教师和对比组教师所教授的科目不同，从而造成了参加论文评比的机会不同，导致了实验组教师的论文撰写方面的成绩不很理想；在研究的初期着眼点放在了教学能力的提高上，而忽视了论文的撰写等方面的研究，因此出现了"瘸腿"的现状。

第八节 备战"东兴杯"的日日夜夜

"东兴杯"是东城区的一项坚持了近20年的教学大赛，这项比赛在东城区教育领域人人皆知。每两年一届的东兴杯比赛就像一个通往成功的大舞台，在这里有许多优秀的老师崭露头角，被我们所认识并熟悉。

记得在一次东兴杯比赛的总结会上，我曾经这样说过："东兴杯比赛是一个非常好的培育教师的舞台。这样的比赛对于组织者来说，是筛选和甄别有潜力教师的最佳途径，比赛促使老师们不断地反思自己的教学活动，也激励着教师不断地去开创思维，让教师们不断地去修炼自身的修养。我们都知道这个过程其实是非常辛苦的，但是辛苦过后所获得的成功也是最甜蜜的。我们都上过学，知道每一次的考试经历都是难忘的，但是我们回想一下，我们所学习的知识、技能的掌握，哪一个不是在一次次的考试中被我们所内化、固化的呢？因此，东兴杯的比赛就像是为老师们设计的一种职业考试，它会推动着大家不断地进步，不断地提高。在人生中我们会经历许多考试，面对这些考试，我们应该有一种平和的心态，要学会用利导思维的方式去看待，这样，每一次比赛或考试就会变成一个又一个的机会，这些机会是将我们推向成功巅峰的阶梯！"

每一次的东兴杯比赛都是一次机会，一次让老师们走向成功的机会。现在五年以上教龄东兴杯比赛已经组织了8届，五年以下教龄的东兴杯比赛也组织了4届了。从2006年开始，随着品德与社会（生活）学科教师不断增多，每年我们品德与生活（社会）学科都有选手参加这项比赛，每届都有年轻的老师获得一等奖，现在我的品德与社会（生活）学科累计获得东兴杯一等奖 13 个。每一个奖项的背后都有一段动人的故事，而我则有幸成为这故事中的主人公。

一、开拓思路　创新课堂（蔡丹）

蔡丹老师是从回民小学调入史家小学的一名品德教师，进入史家小学后开始教品德与社会学科。她虽然是一位工作了多年的老师，但是在当时却是一名"课龄"为零的老师。她也成为我第一个学科徒弟。很快，我和她就迎来了第一次东兴杯的比赛。之所以说是第一次，是因为对于蔡老师而言这是第一次参加东兴杯品德与社会学科的比赛，对于我来说，这是第一次指导年轻教师参赛，我和蔡老师很有压力。考虑到蔡老师刚刚从教这个学科，在比赛中应该要扬长避短，发挥优势，才能让她脱颖而出。为此，我反复与她商量，从内容的选择到教学目标的设定，从教学环节的设计到社会资源的引入……为了一节课，我们反反复复不知道研究了多少次。记得当时我们经过商讨最终选择了《邮寄一封信》这个教学内容，最终在我的提议下，还大胆地在教学环节中引入了社会资源——请东四邮局的工作人员进入课堂一起开展教学活动。

记得当在课堂上，邮局的工作人员推着投递用的自行车，带着报褡子走进课堂的那一瞬间，孩子们兴奋极了，课堂一下子推向了高潮。孩子们，在课堂上积极地举手向邮递员老师询问各种有关寄信的问题，还当堂拿出自己准备好的明信片，请邮递员现场盖邮戳……课堂气氛非常的活跃。但是由于课堂时间掌控得不够好，这节课拖堂了。最终没有获得一等奖。面对这个结果，我跟蔡老师并没有气馁，而是对这节课进行了深入反思，并且不断地进行修改，反复试讲。最终确定了更加合理的授课方案。

　　与此同时，这节课虽然没有在东兴杯比赛中获一等奖，但是这节课的整体教学理念却是得到了评委以及所有听课老师的认同。所以，就在我们自己反复琢磨、反复修改、反复试讲的时候，传来了一个好消息：区教研员老师选定了蔡老师的这节课代表东城区参加北京市的教学大赛。

　　机会不会光顾缺乏准备的人，蔡老师在我的帮助下，带着这节体现着全新教育理念的课走向了北京市优秀教学课程大赛的征程。随后，这节课在教研室黄薇老师以及多位教研员的一起努力下，最终在北京市的教学大赛中一举夺魁，获得北京市一等奖的好成绩！

工作坊成员吴丽梅老师与学生一起上课

　　陪伴蔡老师一起备赛的过程，也是我自己提升和进步的过程，在这个过程中我懂得了机会是需要自己努力创造的，成功是需要自己用辛苦的汗水才能换来的。我们应该时刻准备着！对待工作随时都保持高度的热情，时刻都有创新的意识，时刻都敢于挑战自己，才会进步，才会成功。

二、发挥优势 打破边界（吴丽梅）

吴丽梅老师是 2007 年加入到我们团队中的一位年轻教师，她的专业特长是心理辅导。来到史家小学，她既要承担学校的心理教育任务，又要承担一部分的品德与社会课，双重工作的压力可想而知。在备战东兴杯比赛的时候，吴老师跟自己的师傅协商后最终选择了《我和同学》这个学习主题。在备课过程中，出现了意见分歧，教学设计反复修改，反复试讲，课堂效果总是不令人满意，自己总是觉得不能更好地达成预期的教学目标。在反反复复的备课、试讲、反思、修正中，时间很快过去了，眼看就要比赛了，可是吴老师还是找不到上课的感觉。于是，她开始向我求助。面对年轻老师的困难，作为教研组长的我责无旁贷，我认真地听了吴老师介绍的教学思路，询问她问题的症结以及自己期望中的目标后，我大胆地提出了颠覆性的建议。我建议，吴老师充分发挥自己的专业优势，把心理学中可以进行借鉴的知识和活动设计引入我们的课堂。鼓励她打破学科界限，创造性地使用教材，在教给学生如何更好地与同学建立友谊的问题上多下工夫。帮她分析，当前三年级学生在与同伴相处中遇到的问题是什么，可能陷入的情景两难问题如何更好地解决，怎样珍稀这份来之不易的同学之谊等等。在经过一个晚上的长谈后，吴老师有了全新的思路。开始重新构建自己的教学设计方案。记得当时，吴老师新的教学方案写好后，她长出了一口气，觉得这样的设计才符合她心目中的预期目标。而那时已经是晚上 10 点多了。原以为，在这么晚回家，她会很快就休息，可是没有想到，刚刚到家，我就接到了吴老师的电话，原来她还在细化自己的教学设计，把可能出现的问题以及一些小的设计环节讲给我听，问我是否合适。于是，我们又在电话里进行了长时间的沟通。最终确定了教学方案。第二天试讲后，非常成功，针对一些细节又进行修改。第三天，吴老师自信满满地走上了比赛的讲台，最终以优异的成绩获得这一届东兴杯的一等奖。

在与年轻老师们一起奋战的日子里，我跟他们一起承担压力、一起分享快乐。鼓励吴老师大胆地把心理活动引入课堂，我也是有很大压力的，但是我依然愿意去创新，去尝试……并愿意为他们承担各种结果。从这以后，打破学科界限，在课堂中引入各种有效教育资源成为我又一个关注的问题。

三、巧妙构思　贴近生活（刘静）

每一次东兴杯比赛都是一次进步与学习的过程，因为每一次我都会以东兴杯为契机，重新梳理自己的教学思路，重新推翻原有的教学设计，重新构建全新的教学方案……很多时候这个过程是一个否定自己的过程，是对自己的一种极大挑战。在与年轻教师一起备战的过程中，我也在不断地学习着，进步着。

2011 年，刘静老师作为五年以上东兴杯参赛选手开始了全面的备赛准备。当时她选定的授课内容是《大家庭中的你我他》，如何能够让这个主题更好地呈现，怎样把教学活动设计得更有新意，对此，我跟老师们一起探讨了很久。最终决定从课程标准出发，突出体现贴近学生生活这一教学特点展开教学。为此，我让刘静老师先对全班学生进行一次小调查，来了解一下班中学生家长的从业情况。然后在教学中充分利用家长资源，要让孩子感受到身边的每一个人都是大家庭中的一员，都在为这个社会大家庭贡献着力量。在我的建议下，刘老师在课堂上设计了爸爸妈妈职业调查和社会贡献的小环节，把课堂带入了生活。此外，在这节课中，我还着力于让刘老师思考大家庭中的相互关系，要让孩子明白每一个人都是社会中的服务者，同时又享受着大家提供的服务，这是一种互相的关系，是谁也离不开谁的关系，要让孩子有一种互助互敬的意识。就这样，在我的建议下，刘老师的课堂从学生生活开始，以各种体验活动为主要形式展开。课堂内容丰富有趣，孩子们在学习的过程中，发现了社会上的劳动者每一位都值得我们尊敬，每一个行业的劳动者我们的生活都离不开，我们应该学会感恩……最终，刘老师的这节课获得了东兴杯的一等奖。再次为史家小学品德与社会（生活）团队增光添彩！赛后，刘老师撰写了自己参赛的感受，字里行间满满的都是感恩之情。

感动与幸福

刘　静

2011 年，我参加了东城区举办的第七届五年以上教龄教师东兴杯教学大赛，并经历了复赛和决赛两个阶段，最终取得了一等奖的成绩。我觉得很幸运能参加这次大赛，之所以觉得幸运，第一是因为我的周围有一支专业化的教师团队，他们时时能给予我专业化的指导；第二是因为我觉得这次比赛对于我们年轻教师来说是一个非常好的学习、提升自我和展示自我的机会。在比赛中，我认真对待每一阶段的考验；在考验中，我感受到了：经历了就会有感动，行动了才会有收获，所以我想从以下两方面来谈谈自己的这次参赛感想。

1. 感动着，感动源于经历

通过这次比赛，我深刻感受到了我身边这支团队带给我的温暖和感动。

感动一：复赛时组内老师的鼎力帮助，让我充满了信心，顺利进入决赛。

　　东兴杯复赛前，我们组的每位老师都很忙碌，尤其是郭志滨老师正在备战全国教学大赛的任务，蔡丹、王丹、李维和吴丽梅老师都正准备着北京市展示课的任务。尽管如此，郭老师还是专业、细心地利用下班时间指导我画版图，帮我一字一字地审说课稿。由于复赛时时间紧迫，因此蔡丹老师和王丹老师帮我一字一字地修改教学设计；李维老师和吴丽梅老师帮我一字一字地修改课件，佟磊老师帮我打印教案……他们的支持和帮助让我有更多时间准备自己的说课稿和练习基本技能。复赛前，我们组的每位老师一起听我一遍遍地进行说课演练，比赛的前一天晚上一直到九点半，大家才相继回家。比赛时，同组老师克服种种困难倒课，在比赛现场为我加油、鼓劲儿，使我充满了自信，并顺利进入决赛。同时，我的说课也赢得了在场专家和老师的肯定与赞许。

　　通过这次复赛，我进一步学习巩固了本学科的基本知识，初步学会了如何说课；通过这次比赛，我感动于同组老师所帮我做的点点滴滴，这些我都深刻铭记在心；每一次，他们的热情与帮助都让我内心涌起一股股暖流，让我再一次感受到了家给我带来的温暖和感动，让我体会到了团队的力量。

　　感动二：优秀的团队助我在磨炼中成长。

　　本学年的第二个学期，东兴杯教学大赛进入决赛阶段。而这个学期，我们组内有5位老师都承担了准备并录制北京市名师同步课堂的任务，我也是其中的一员。在这个学期，我既要准备录制一节名师同步课堂的录像课，又要备战东兴杯，还要准备平时的常规教学，因为今年我所任教的四年级是我第一次教，所以心里很有压力，连着几天做梦都梦见在备课或是准备东兴杯的课。在这种情况下，家中一位老人生病住院，孩子又小，还没有上幼儿园。所以，我在家的任务就是每天下班回家照顾孩子，每天我都是等孩子睡了才能开始继续工作。我家孩子精力比较旺盛，当我困得很痛苦时，她却玩得很开心。就在我最无助的时候，是同组老师给了我温暖。组里的老师主动提出帮我修改教学设计和课件，她们的帮助让我很感动，让我再一次感受到了家的温暖。

在准备东兴杯赛课时，虽然组里老师忙于准备名师同步课堂录像课，但是，她们还是尽可能地听我一遍又一遍地试讲，并给我提出宝贵的意见。组里老师还常常利用下班时间帮我评课、备课，李维老师家的小孩才一岁多，她们的帮助让我感动不已。就是因为这支优秀的团队，帮助我在一次次地磨炼中不断成长。

2. 幸福着，幸福源于优秀的团队

这次东兴杯大赛分为初赛和复赛两个阶段。品德与社会学科复赛的方式是抽完签，两天后进行说课和基本技能比赛，如画版图。在抽签前，郭志滨老师就指导我如何画版图。当时，正值郭老师参加全国教学大赛，其辛苦可想而知。尽管如此，在郭老师从南昌比赛回来后的第一天，就利用下班时间检查并指导我如何规范画版图。在我抽签的当天，当有的老师问我长江、黄河该怎样画时，我已能熟练地画出。当时，我就感觉特别幸福，这种幸福就源于郭老师的专业指导。这种专业的指导在我进行基本功考核时就发挥作用了，我所画的版图没让在座的评委找出任何问题。

范校长听了我的试讲后，给我提出了一些建议。当时，有的我没太理解，经过思考后，我才体会到教学中的每个点都要为实现教学目标服务，而我的落脚点偏了。我的身边能够拥有这样一支优秀的团队让我觉得很幸福，我在幸福中感动着。

虽然在这次比赛中我取得了一等奖的成绩，但是，我觉得我只是一个代言人，我的这个成绩是属于我身后这支团队的。这支优秀的团队用和谐之歌谱写着、莫基着我们年轻教师生命的底色，我在其中经历着，感受着，感动着。

虽然这次比赛已经结束，但是我的学习并没有结束，因为在比赛中我也找到了自己的不足。今后，我将以此次大赛为契机，努力学习，不断进取，进一步提高自己的专业技能水平，争取在的工作中有更大的进步！就像陈校长所说的，今后工作中我们永远追求的目标是：学习、奉献、传承、创新。

由于在东兴杯中的突出表现，刘老师得到了教研室黄薇老师的大力赞扬，并且选定刘老师代表东城区参加当年的北京市教学大赛。在备战北京市比赛的时候，品生品德与社会教研组的全体老师积极投入，鼎力支持，最终刘老师为东城区赢得殊荣。一次又一次的比赛，让大家凝聚在一起，让我们的团队充满了家的温馨。大家都说我们虽然累，但我们是快乐的。

五、团队协作　互帮互助（佟磊　李维　李丽霞）

2013 年东兴杯比赛是我最难忘的一届比赛，因为在这一届的东兴杯比赛中，我所负责的品德与社会（生）教研组共有 9 位选手参赛，这是从来没有过的。这么多的年轻老师参加比赛，这备赛的辛苦只有经历过的人才会知道。

这 9 位参赛选手中，有 5 位是教务处的兼职教师，为了能够让每一位老师都不掉队，都能够在比赛中获得满意的成绩。在教研组长王丹老师的大力支持下，我们将 9 名参赛教师分组配对，每位五年以上不参赛的老师分别负责 3 位参赛选手。根据实际情况，我制定了详细的备赛方案。

记得当时，备课既有集体说课、听课、评课，又有小组研讨反思修改，无论参赛还是不参赛的老师都能够全身心地投入其中。那时候，几乎每天都是 9～10 点钟才下班。9 位参赛老师的初赛，我手把手地教，一个一个地辅导，最终以 9 晋 6 的好成绩，顺利进入最终的决赛。一个科任学科一下子有 6 位选手晋级决赛，这在任何学校都是没有过的骄人成绩。高兴归高兴，可是接下来的决赛可是把我们大家忙坏了。

6 位参赛老师的课我逐一去听，一个个地评，一节节地帮助他们修改完善。因为学校大，又分为高年级部和低年级部两个校区，一时间我往返于两个校区之间，就是在同一个校区里，也是各楼层地跑。那一段时间，忙得我真可谓是四脚朝天了。每一次集体备课，老师们都能做到齐心协力一起制作教学课件，互相帮忙制作教具，一同打印修改教案。大家和睦共处，互帮互助，活儿一起干，饭一起吃，大家亲得就像是一家人。在比赛前一晚，老师们都不放心，还要做最后的冲刺，已经晚上快 12 点了，五楼备课的办公室依然灯火辉煌。就在大家全身心做最后的准备时，王校长从家又赶回了学校。因为她听说品德与社会组的老师们还在为第二天的比赛而备战，感动不已特意前来慰问。校长的关怀让每一个年轻教师都感动不已，大家的干劲更足了。

第二天是正式比赛的日子，老师都早早地来到学校，按照组长王丹老师的安排，各司其职。带班的带班，准备教具的准备教具，拍照的拍照，一切都有条不紊地按照计划进行着。6 名参赛老师也都超水平发挥，个个精彩亮相。最后，这一届东兴杯大赛，品生、品德与社会学科全区共有 4 个一等奖，史家小学品生品德与社会组囊括 3 个，成绩名列全区榜首。

很多年轻的老师在这届比赛中脱颖而出！

赛后，参赛的老师李乐在自己的总结中写道：

"对于这一次的东兴比赛，我想最辛苦的还不是我们每一位参赛选手，而是我们的大家长——郭老师。从最初的课标考核到微创新课例，再到做课，每一位选手的每一步成长都离不开郭老师的保驾护航。特别是微创新课例和做课环节，从最初的创意再到最后的成品，每个人郭老师都直接负责，我们准备自己的，郭老师则是准备八九个人的，而且每一个都力求做到最好！她从不叫苦，不叫累，甚至比我们参赛的选手更加投入，加班加点更是家常便饭，因此也经常在周末睡得最香的时候收到郭老师的短信，这份敬业给我们每个人做出了最好的榜样。

"王丹老师作为组长，虽然本身不参加比赛，手头也有一大堆的工作要完成，但也是自始至终陪着我们加班加点，出谋划策！更无私地把自己的经验、已有的材料，好点子都贡献了出来！每个人的困难她都看在眼里，更是把组里的事情安排得井井有条，谁什么时间说微创、什么时间做课，她都有一张详细的表。

"感谢东兴杯，它给了我一个成长的机会！更感谢我背后的前辈和老师们给予的帮助！此致，敬礼！"

参加教学大赛可能会是每一个老师都会经历的一种经历，在这种经历中，每一个人都会成长，都会收获成功的喜悦，凡是参与其中的人都会收获满满。

六、多元设计　精彩绽放（金少良）

在刚刚过去的第四届五年以下东兴杯比赛中，我的徒弟金少良老师再次脱颖而出，他上的《古老的丝绸之路》一课由于教学环节的设计综合运用了多种元素、课程形式完全以学生自主探究的参与性活动为主，而赢得所有评委的一致好评，最终以优异成绩获得第四届东兴杯的一等奖。

工作坊成员金少良老师做东城区教学展示

此前，在与金老师一起备课的时候，他首先提出了自己的思路，并且选用了一幅丝绸之路长卷绘画作品为实物教具以展现丝路曾经的繁华。但是，在试讲中，这幅长卷仅仅向孩子们呈现了不足 3 分钟，就再没有被利用，对此我提出了要充分挖掘和利用这幅画的优势，要以这幅丝路长卷作为全课的主线来进行课程设计。因为《古老的丝绸之路》一课是一节传统课，很多老师都上过这节课，如何在比赛中把这节课上出新意、上出特色，应该是我们去思考的。而且，在这节课中，教师想要讲述的内容过多，重点不够突出，这也会让我们的课大打折扣。所以，我们要对现有的课程素材进行选择，保留最重要，其他的要舍得放弃。基于我的建议，金老师开始了对教学设计的修改。首先，我和他一起认真地观察这幅丝路长卷的绘画内容，将画面进行板块分割，找到每一个板块对应的学习内容，然后再设计以画卷中的画面为入口展开自主学习的活动。在这个丝路的指导下，我们把手中的素材重新整合，充分利用，既有让孩子们动手实验的环节，又有让他们推理分析的活动；既有表演再现丝绸交易的体验活动，也有学生互学、分享交流的环节……整节课，学生以丝路长卷为载体和老师一起行走在古老的丝路上。孩子们一下子就亲身体会到了丝路文化，对于这条古老的路，学生也有了不一样的认识。在课程的最后，教师又及时地将当前"一带一路"的重要话题与课程相对接，孩子们深深地感悟到这条路不仅历史悠久，更是一条极为重要的路，是一条文化交融的路，是一条经济贸易发展的路，是一条科技融合的路，更是一条友好交往的路。

在跟金老师一同备课的过程中，我自己也受到极大的启发，我们的课程内容可以从各种不同的角度进行诠释，可以紧密结合社会大背景进行设计，可以抛开固有的认知整合学科信息开展教学活动……这种备赛的过程，既是青年教师成长的过程，也是我这样的老教师提升的过程。

人们常说名师出高徒，但是我却更想说高徒捧名师！史家小学品生品德与社会教研组的每一位老师既是我的徒弟，更是我的朋友、战友、伙伴，他们给予我的是更加鲜活的教育灵感、工作动力、学习机会。在每一个备赛的日日夜夜，我们一同拼、一同学习、一同思考、一同进步……

第九节　我的团队我的家

1993 年我第一次走进史家小学的大门，从此，这里就成了我的家。20多年来，我在这里学习、工作，在这里成长、进步。我最年轻的时光是在这里度过的，我最快乐的岁月是在这里走过的……

史家小学是我的大家，今天的品生品德与社会组是我的小家。刚进史家校门的时候，这个小家中还只有我一个人，但是随着学校办学规模不断地扩大，小家中有了新的成员，从1个人变成3个人，慢慢地发展成为5个人，后来这个小家的不断发展壮大，到现在这个家的成员已经有19名了。这样一支庞大的品生品德与社会教研组，放眼全市我们也是独一无二的。我的小家变成了一个大家庭。

一、蒸蒸日上的教研组

2005年，史家小学搬进了新的校址，校园面积扩大了，学生人数增多了，而我这门学科的授课老师也相应地增加了。

蔡丹、王丹、李维、吴丽梅、崔玉文、许觊潘、刘静……许多年轻的老师们加入这个行列。但是不管组里的成员有多少，大家的心是齐的，而且在这个团队中大家互敬互爱，互相扶持，面对每一个任务都是一起上，没有谁偷懒，也没有谁藏私。在这个组织中，所有的教学信息大家都是公开的，不论谁承担了比赛任务、做课任务等，大家都会尽心协助。正是在这样的氛围下，我们的教研组是一个和谐的集体、团结集体，是一个温馨的家。也正是因为这样的团结，所以每一次的比赛，我们都是团队作战，从来没有让某一个教师单独面对。因此，加入到这个组织中的年轻老师成长得都特别快，大家的成绩也非常突出。

现在全组教师共计19人，获得东兴杯一等奖14人次，获得北京市教学大赛一等奖4人次，获得全国教学大赛一等奖1人次。此外，老师们还承担了教学任务、课题任务、学生比赛、学生活动等各种不同的工作。无论是

工作坊年轻教师参加东兴杯比赛

在哪个工作岗位，大家的成绩都是十分出色的。现在，很多学校同学科的老师都非常羡慕我们这个团队，经常会说："史家这个团队太棒了，我们可比不了！"学校其他学科的老师也曾经说过："品德与社会组真是团结的教研组，看得我们都羡慕了！而且组里的老师们个个都这么漂亮！"听了这些赞誉，我想说的是，我们的美丽不是外表的美丽，而是组里的每一位老师都有一颗美丽的心，心的美丽才是真正的美丽！

2008年，我带领的教研组获得东城区共青团评选的优秀教研组，2013年，我所带领的教研组获得北京市"巾帼文明示范岗"的光荣称号！

二、从郭志滨工作坊到"三品轩"工作坊

（一）郭志滨的工作坊

2014年随着史家小学逐步走向集团化管理的轨道，学校为了加强各个校区之间的联系，也为了能够让各个校区同样保持优质的教育水平，开展了以名师工作室、工作坊为形式的教师培训探索，我有幸成其中的一员。

2014年，郭志滨工作坊正式成立，在我的工作坊里除了有史家小学的老师们，还有来自于史家七条小学、史家实验小学的老师们。目前，我的工作坊已经有18位成员，是一个规模比较大的教师工作坊。

面对着工作坊的各位成员，我想我一定不能辜负了人家的信任，一定

要做好服务工作，在教学上真的对他们有所帮助，为他们搭建更多的平台，引领着大家一同进步。因此，工作坊的第一次活动，是跟成员一起讨论交流：大家的需求是什么？需要我为大家搭建哪些平台？想要什么形式的培训？需要哪方面的专家……我想工作坊虽然是以我的名字命名的，但是我要做的事情一定是老师们感兴趣的和需要的。在充分了解了老师的需求之后，我制定了工作坊的活动计划。并且将工作计划放在我们的公邮中，让每一位老师都知道每个学期的工作任务是什么，让大家参加活动也是明明白白的。

根据大家的需求以及学科的特色，郭志滨工作坊的第一次活动定在了518 世界博物馆日。借着这特殊的一天，我带着工作坊的老师们走进了中国国家博物馆古代中国展厅，请国博的专家黄琛主任做了第一次培训。

这次的培训以介绍远古时期的农耕文明为主要内容，其中所涉及的很多知识都是在我们的教材中出现的。这样的专业培训，让老师们收获颇多。

活动后，佟磊老师在总结中写道：通过参观古代中国基本陈列的远古部分，并聆听了黄琛主任高屋建瓴的讲解后，对中国远古时期的文物和历史有了更高层次的认识。黄主任的讲解令人耳目一新，他不是就文物讲文物，而是站在中华文明是农耕文明的高度，以"认知与规则"为主题，带领我们这些听众从"历史的天空"中俯瞰这些文物，从"北京人"一直讲到"城市的出现"，从文物的制造工艺到文物的鉴赏，思路清晰，内容宏富，听后令人酣畅淋漓，欲罢不能！

随后，我还根据当前的时事以及社会上普遍关注的问题开展活动，以凸显品德与社会（生活）学科的社会性。2014 年 APEC 会议在北京召开，与此同时"一带一路"引起世界人民的关注，为了配合这次重要的亚太经济峰会，国家文物局特别举办了"丝绸之路"文物展。得到这个消息后，我带着工作坊的老师们前往丝路展进行参观学习。通过这次学习，老师们收获颇多。最关键的就是大家重新认识了丝绸之路，从丝路遗珍中获取这条路上鲜为人知的故事。透过这条古老的路，知道了中西方文化融合的过程，也深深地感悟到当时祖国的强大。当大家看到那一件件精美的文物，得知中国唐朝的货币是可以在罗马等多个国家通用的时候，那一份骄傲与自豪油然而生。老师们把这些故事带回到自己的课堂上，不仅仅吸引了学生的注意力，更是有效地激发了学生们的爱国之情。

2015 年，工作坊再次活动的时候，老师们提出来，学生们都到国博去上课了，还在那里自己动手实践，参加体验活动，我们看着都觉得好有意思，什么时候我们也能体验一回呢？得到这样的信息后，我马上组织老师们前往国博上课。根据我们的教材内容，我选定了青铜器这个经典的主题来组织老师们进行学习。并为大家请来了青铜方面的研究人员为老师们在

工作坊的特殊培训课——《博物馆里学青铜》

展厅授课。当时老师们就跟学生们一样，手持学习单，在展厅中边听边记，边学习变感悟。随后，我们回到国家博物馆的教育体验区开展实践体验活动，我亲自给大家上课。在我的带领下，老师亲手制作了具有金属浮雕效果的青铜铭文。制作时，老师们那种认真专注的样子跟学生一样，大家做得开心，学得带劲。在动手制作的过程中，既巩固了展厅学习的知识，又认识很多金文，还收获了自己的手工作品。活动后老师们都纷纷表示这样的培训有意思，并且说："虽然整个课程下来有 3 个多小时的时间，可是我们大家一点都没觉得时间长，反而还觉得时间怎么过得这么快呀！"从老师们的话中，不难听出大家对这样的培训形式是非常喜欢和认可的。

由于我的工作坊活动内容丰富，形式多样，满足老师的需求，慢慢地东城区很多学校的老师们也纷纷向我表示想要加入其中，经常看到我就会问："郭老师，您的工作坊还什么时候活动呀？再活动带着我们行吗？"现在，在教研室黄薇老师的帮助下，每个学期我工作坊的活动都会有一期是面向全区老师开放的。

除了组织教师开展丰富多彩的培训以外，我的工作坊还尽可能地为老师们搭建展示的平台。从 2014 年到 2015 年一年半的时间中，在教研室黄薇老师的帮助下，我先后组织开展了三次专题讲座和教学研究课。每一次的活动我都力荐年轻教师上台发言，都鼓励年轻老师走上讲台展示自己的教学风采。一年多来，工作坊中的多位老师在全区做过专题发言，上过公开课，做过经验介绍。工作坊的活动，获益的不仅仅是史家小学的老师们，还有史家教育集团其他校区的老师们。在我精心的指导下，史家七条小学的王晔老师、史家遂安伯校区的牛广欣老师、史家实验的崔韧楠老师都在这个平台上向全区老师做了教学经验汇报。他们已经从默默无闻走向绚丽的台前。

教研室黄薇老师（后排居中）与工作坊全体成员合影

微课，是当前教育改革中的新生事物，北京市基础教育研究中心、东城区教师研修中心都开始征收微课，并组织微课教学比赛。2014 年，我指导工作坊的 6 位教师进行微课的录制，结果在评比中，有 5 节课获得北京市一等奖，成绩在全市遥遥领先，在各个学科中也是名列前茅。于是，在我召开工作坊展示活动的时候，就请这些获奖的老师们在全区教师面前进行了微课的展示，得到了全区老师们的大力赞扬。

此后，我还做了《如何利用博物馆资源对教师进行专业培训》的专题讲座。

（二）"三品轩"教师工作坊

从 2014 年郭志滨工作坊成立以来，我组织开展了各种不同形式的教师培训活动，既有专家的引领，也有教师参与的动手实践，培训形式多样，且效果显著，于是慢慢地我的工作坊在区里品德与社会老师中有了一些名气。到现在为止，郭志滨工作坊已经成立了一年半，我也开始思考，工作坊今后的发展方向到底是什么？

在今年（2015 年）的暑期，我反复思考，查阅了很多资料，反思自己工作坊目前的工作状况，最终发现了一些问题。

我的工作方总体的教师培训目标还不够明确，也就是：我到底要把工作坊成员培养成怎样的教师呢？再有，现在工作坊开展的活动虽然丰富多彩，但是总体来看还是碎片状的，缺少系统的梳理与完善。于是，我开始为郭志滨教师工作坊设计发展规划，构思长远目标。经过深思熟虑，再考虑到学科特点和学校整体的育人目标之后，最终我提出了自己的观点，这就是要把工作坊中的每一位老师培养成为"做人方面有品行，工作方面有品质，生活方面有品味"的好老师。

对于这个目标我向工作坊的全体成员进行了解读。

1. 做人要有品行

工作坊中的每一位教师都是品德与社会（生活）学科的教师，作为教授品德学科的老师，首先自己就要有良好的品行。教师是一个有良好品行的人，才能教出有良好品行的学生。因此，品德教师首先要学会做人。待人接物谦恭有礼，但又要不卑不亢；要能从他人角度思考问题，要会感恩，面对各种矛盾与诱惑要能做到正直、公正，甚至是忠诚。而这些都是中国几千年的文化传承中所特有的思想内涵，因此，我想为老师们设置《透视文物里的中华传统美德》课程，来影响和熏陶教师的行为修养。

2. 工作要有品质

教师这个职业与其他的工作并不完全一样，因为教师的工作对象是人，而不是机器、不是零件、不是东西……人是有感情、有思想、有血有肉的，因此，对待我们的工作就更应该讲究品质。教师要做的事情就是培养人的工作。我们不一定要把每一个孩子培养成名，但一定要把每一个孩子培养成合格的公民。这个工作是一个良心活儿，是需要我们用心去做的工作。

孩子是一个国家的未来，是一个民族的未来，如果未来的接班人没有培育好，我们的国家、民族将会如何呢？所以，这就要求我们每一个教师都应该做事讲品质。我记得原来的卓立校长曾经说过这样的话："我们的一次失误，对于一个家庭来说就是100％的失误，它不同于生产零件，做错一个失误率也不过是1％！"对于这句话我始终记忆犹新，所以，这就更加要求我们的老师做事必须要有品质。

这里的品质，不包括功利性的争取奖项或荣誉称号，我一直认为，做老师首先要做到对得起自己的良心，其次不做让自己有遗憾的事情。放下功利心，全身心地投入到工作中，时刻为学生着想，扎扎实实地做好每一件事情，成绩、荣誉自然就会向你而来。

3. 生活要有品味

一提到品味，很多人脑中呈现的是身穿名牌服装，置身小资环境，手持咖啡，惬意的小憩画面……这的确是一种生活的品味，透露着一种高贵。但是，我更觉得作为一名教师，我们首先要把着装、礼仪等定位在自己的职业角色上。教师每天进教室与孩子打交道，跟孩子一起学习生活，如果总是身穿名牌，难免会让孩子觉得跟老师有距离。因此，我认为教师每天的着装要干净、整齐、朴素、大方，甚至是方便跟孩子一起做游戏，也许才是最适合的。当然，也有一些教师不修边幅，穿着过于随意，这也同样不符合教师的身份。

生活的有品质当然也不仅仅是着装，还有就是对待生活的一种态度。我们的学科是一个教孩子爱生活、会生活、学习愉快生活的课程，如果我们的老师自己就不爱生活，每天都觉得生活紧张、忙碌、活着很累，那么，我们怎么可能让我们的学生感受到生活的美好呢？工作的压力、生活的压力只要我们换一种心态去坦然面对，也许就会成为人生中最宝贵的经验与经历，我们为什么不换一种心态让自己的生活更快乐呢！所以，每一个教师都应该保持良好的心态，愉快地生活、工作，这样才能让我们的生活有品味。

　　这三方面的思考，不仅仅是从教师成长的角度思考的，其实其中的道理也能够与学校整体的课程理念相对应。

　　史家教育集团有着明确的办学方向，有着清晰的课程理念，特别是在培养学生意识方面有着详细的要求，即要培养学生的创造意识、生命意识、责任意识、规则意识和尊重意识。想要学生通过学习达到这五种意识，教师自身首先要有这五种意识。那么，做人有品行就是应对尊重意识，做事有品质就是对应创造、责任与规则意识的，生活有品味是对应生命意识的。教师先具有了这样的意识，有了这样的人生观，那么在教育学生的时候，必会将这些意识潜移默化地传递给学生。

工作坊全家福

　　在最近一次的工作坊讨论会上，我向所有成员提出了我的思考，得到了大家的一致认可，经过大家的民主讨论，最终大家决定我们的工作坊可以命名为"三品轩"教师工作坊。

　　现在，工作坊的老师们正在朝着这个方向去努力，去完善。而我自己也将在这样的学习中不断地前行，通过同伴间的互相影响与启迪，让自己更加符合一名优秀教师的标准。